KB122294

성격을 바꾸면
성공이 보인다

성격을 바꾸면

성공이 보인다

전성일 지음

MIRAE
BOOK

if you change you mind,
you can succeed

요즘 재미있는 설문조사들이 나오고 있다.

신세대가 선호하는 배우자 선택의 첫 번째 조건이 성격이 좋아야 한다는 것과 매년 이혼하는 부부들의 가장 큰 이유가 성격 차이라는 것이다. 그만큼 성격은 사랑, 결혼, 학업, 직장 등 매사 모든 일과 밀접한 관계가 있다.

사고가 바뀌면 행동이 바뀌고
행동이 바뀌면 습관이 바뀌고
습관이 바뀌면 성격이 바뀌고
성격이 바뀌면 운명이 바뀐다.

내가 신념대학이라는 것을 개설하여 운영하던 때의 일이다.

어느 날 한 남자가 상담을 하러 왔는데, 대개 상담을 하러 오는 사람들이 그렇듯, 그는 삶에 지치고 초조해하고 불안한 모습을 하고 있었다. 나는 상담을 통해서 그가 30대 중반으로 결혼해서 가정을 갖고 있는 평범한 회사원이라는 사실을 알게 되었다.

그런데 그는 처음부터 성격상의 결함이나 자신감 부족, 소극성으로 인해 문제가 있었던 것이 아니라, 오히려 의욕이 지나쳤으나 무슨 일인가로 인해 의욕이 꺾여 좌절되자 급기야 회사를 뛰쳐나오고 말았던 것이다. 퇴사를 하자 그는 점차 자신의 예전 모습을 잃어가고 있었다. 자신감과 의욕을 잃은 그는 무슨 일을 해도 안 된다는 생각을 갖게 되었고, 역시 하는 일마다 실패를 거듭했다.

무엇보다도 그에게 필요한 것은 자신감의 회복이었다. 물론 꺾인 자신감을 회복한다는 것은 대단히 어려운 일이다. 그러나 일을 준비하기도 전에 잘될 수 있을까 하는 의구심이 그를 끊임없이 괴롭히고 있었다. 바로 그 점이 문제였다. 그는 자신의 마음 한 구석에 자리 잡은 의구심을 떨쳐내는 것이 급선무라는 것을 자각해야 했다.

잠재의식은 거짓말을 하지 않는다. 사람의 모든 생각을 정확하게 받아들여 곧바로 현실로 나타나는 것이 잠재의식의 특징이다. 어쨌든 그는 신념대학에 들어와서 그 과정을 마치게 되었고, 그 후로 한동안 그를 만나지 못했다. 나도 그와 같은 고민을 안고 찾아오는 사람들을 상담하랴 각종 세미나와 강연 일정으로 인해 바쁜 나날을 보내고 있었던 것이다.

그런데 어느 날 그가 다시 나를 찾아왔다. 그는 처음에 나의 상담실 문을 두드렸던 그때의 모습이 아니었다. 밝고 환한 얼굴, 자신감이 넘치는 모습에서 생활의 여유마저 느낄 수 있었다.

그렇다. 그는 인생의 중요한 무엇인가를 다시 찾은 것이다.

그는 훈련을 마치고 음식점을 인수해서 그야말로 질 좋은 음식과 서비스를 제공하면서 손님에게 신뢰를 쌓아갔고, 단골들이 늘어나면서 사업이 안정되자 생활도 조금씩 여유를 찾게 되었다고 내게 연신 고마움을 표현했다.

그는 마침내 위대한 승리를 쟁취한 것이다. 그가 하고야 말겠다는 의지와 그에 대한 의구심 없이 자신이 할 수 있는 모든 것을 열심히 한 덕분이 아니겠는가.

내가 한 것은 오로지 바로 그런 마음의 자세를 갖도록 유도해준 것이라 할 수 있다. 나는 그를 보면서 내가 할 일이란 바로 한 사람이라도 더 밝고 건강한 삶으로 이끌 수 있도록 신념을 창조하는 일에 최선을 다하는 것이라고 다짐했다. 그리고 이 책을 쓴 이유도 바로 거기에 있다.

만족하고 행복한 삶이란 결국 자신이 만들어 가는 것이다. 이 책을 읽는 모든 이들이 적극적으로 문제에 부딪히고, 주저하지 않고 자신의 생각을 행동으로 나타내는 결단력을 통해 보다 나은 삶을 이룰 수 있기를 진정으로 바란다.

전 성 일

작은 행동이 거듭되어서 운명을 만드는 것으므로
작은 행동도 무심코 해서는 안 된다

10장 **만병의 근원인**
스트레스를 해소하는 방법

1장

마음은
운명을
지배한다

1
마음에는 형태가 있다

마음은 자기의 것이므로 자기 마음을 어떤 형태로든지 만들 수 있다

우리는 어떤 사람을 두고 '저 사람은 마음이 크다, 저 사람은 소심한 사람이다.' 혹은 '저 사람은 마음이 아주 느긋하다, 저 사람은 마음이 너무 급해서 큰일이다'라고 말한다.

이런 말들을 우리는 예사로 흔히 쓰지만 잘 생각해보면 이상하지 않은가? 이러한 말들은 모두 마음의 형태를 나타낸 말인데 누가 참으로 '큰 마음, 작은 마음, 긴 마음, 짧은 마음'을 보았는가? '저 사람은 선이 굵은 사람이다, 저 사람은 선이 가는 사람이다'라는 것도 마음을 말하는 것인데 마음에는 '굵음'도 '가늚'도 있다는 것이다.

'저렇게 딱딱한 사람은 없다, 저렇게 마음이 부드러운 사람도 드

물다'는 표현도 피부나 근육에 대한 것이 아니라 마음을 말하는 것이다.

'자네는 마음이 너무 좁아, 좀 더 마음이 넓어야 해'라는 말을 하는 걸 보면 마음에는 공간적인 넓이도 있는 모양이다. 또 '마음씨가 곱다거나 거칠다'고도 말한다. '마음의 문을 활짝 열었다'하고 '마음의 문을 꼭 닫고 있다'고도 한다. '그 사람 참 시원시원하다, 그렇게 답답할 수가 없다, 그분은 마음씨가 따뜻하다, 그렇게 냉랭할 수가 없다'고 하는 것을 보면 마음에도 문이 있고, 때로는 온도까지도 있나 보다.

그뿐이 아니다. 빛깔도 있는 것이다. '그놈은 속이 검다, 그녀는 마음이 눈처럼 희다' 또 '저 사람은 아주 곧은 마음이다, 자네는 마음이 뒤틀렸다'고도 하고, 마치 칼날을 말하듯 '날카롭다' 또는 '둔하다'라고 하기도 한다. 또 장미 같이 '저 사람은 아름답긴 하지만 가시가 있다'고도 하는데 마음에는 가시도 있는 모양이다.

'아름다운 마음, 악한 마음' 등은 보통 쓰는 말이다. '상냥하다'든가 '무뚝뚝하다'든가 '솔직하다'든가 '흐릿하다'든가 '침착하다, 들떠있다, 가볍다, 짜임새가 있다, 헝클어져 있다' 등등 이 모든 것이 마음의 형태에 대한 표현이다.

오관으로 느낄 수 없는 것은 존재하지 않는다고 한다면 '마음'은 직접 볼 수도, 들을 수도, 냄새를 맡을 수도, 맛볼 수도, 만질 수도 없으니까 결국 없다고 해야 옳다.

그런데 살아 있는 사람에게는 마음이란 것이 있다. 마음이 있기 때문에 살아 있다고 하는 것이다. 더구나 눈에 보이지 않는 마음에 크고 작음과 길고 짧음 등의 형태가 있으니 기묘한 일이다.

'저 사람은 썩어도 이만저만 썩은 것이 아니야.'

아무리 아름답게 화장을 하고 훌륭한 옷차림을 했어도 썩은 마음을 지니고 있다면 가치가 없는 존재이므로 다시 한 번 되돌아보아야 한다.

'마음은 물처럼 자유롭다'

이렇게 관찰하다 보면 마음은 눈으로 볼 수도 없고, 귀로 들을 수도 없고, 피부로 접촉할 수도 없고, 코로 맡을 수도 없고, 혀로 맛볼 수 없는데 여러 가지의 모양과 빛깔 따위가 있으니 참으로 기묘한 일이다.

일정한 형태가 없는 것은 반대로 무한한 형태를 나타낼 수도 있다. 마음에는 일정한 형태가 없기 때문에 무한이라고 해도 좋을 정도의 형태가 있는 것이다. 공기나 물은 둥글다거나 모났다거나 하는 일정한 모양이 없으므로 둥근 그릇에 담으면 둥근 모양이 되고 네모난 그릇에 담으면 네모의 꼴로 된다. 마음은 정해진 형태가 없기 때문에 어떠한 형태로도 될 수 있는 것이다. 마음은 자기 것이기 때문에 자기 스스로 제 마음을 어떠한 모양으로도 만들 수 있다.

'내 이런 마음은 본래 타고난 것이어서 한평생 고쳐지지 않는다'

고 하는 사람이 있지만, 그것은 자기 스스로 자기 마음을 일정한 모양의 틀에 집어넣고 그 형태를 바꿀 수 없다고 생각하여 바꾸려고 하지 않기 때문이다. 본래 마음에는 고정된 형체가 없으므로 자신이 바꾸려고 노력하면 바꿀 수 있는 것이다.

❝ 얼굴은 마음의 거울이다 ❞

눈에도 보이지 않고 손으로 잡을 수도 없는, 어디에 있는지 조차 알 수 없는 '마음'이라는 것이 가장 잘 나타나는 곳은 얼굴이다.

남과 대화하면서 재미있을 때는 밝게 웃고, 재미없을 때는 따분하고 시큰둥한 표정을 짓는다. 이것은 곧 마음의 상태 그대로가 얼굴에 나타난다는 증거다.

그러므로 그 사람의 얼굴을 보면 그 사람의 마음을 판단할 수 있는 것이다. 그래서 오관으로는 알 수 없는 마음을 얼굴을 통해서 알 수가 있다.

『행복에의 길』이라는 저서를 쓴 일본인 메이 우시야마는 즐거운 마음을 갖는 시간이 많은 사람은 그 사람의 얼굴이 어딘지 즐거운 듯한 얼굴로 되어 간다고 말했다. 즉 자기 얼굴의 눈, 코, 입을 어떻게 움직여서 상대방에게 어떠한 느낌을 줄 것인가 하는 것은 그 사람의 마음인 것이다.

얼굴은 그 사람의 인간성을 보여주는 거울이다. 사람은 지성과

이성과 감정을 가졌기 때문에 표정에 의하여 얼굴의 모습이 달라진다. 표정의 움직임에 따라서 같은 얼굴이 아름답게도 되고 추하게도 된다.

이것은 인간의 얼굴이나 몸이 조각상과 달라서 표정이 있고 유연성이 있으므로 마음에 의하여 표정도 행동도 변하기 때문이다.

2

몸은 마음의 표현이다

얼굴은 사람의 심리상태를 읽을 수 있는 가장 정확한 지표다

　마음은 얼굴에 나타난다. 얼굴과 몸은 분리될 수 없는 것이고 보면 결국 마음은 몸 전체에 나타난다고 할 수 있다.

　실로 몸은 정수리에서 발끝까지 그 사람의 마음이 나타나지 않는 부분이 없다. 달리기를 한다든지 심한 운동을 하면 심장이 뛰듯이 혹은 깜짝 놀라기라도 하면 심장이 두근두근 사뭇 방망이질을 하며, 연인의 얼굴만 보아도 심장이 뛰고, 무슨 무서운 일이라도 당하면 심장이 덜컥 멈추듯 마음이 지배하지 않는 곳이 없다.

　식욕의 경우도 그렇다. 아무리 위장이 튼튼해도 더럽다는 생각이 들거나 화가 나고 슬픈 감정이 들면 식욕이 없어진다. 예를 들어 목이 말라서 물을 아주 달게 마시고 있는데 누가 그 물이 더럽다고 한다면 지금까지 달게 마신 그 물이 갑자기 메스껍게 느껴져 울컥

토해내고 싶을 것이다. 이제까지 달게 마시던 그 물의 맛이 갑자기 변한 것은 아니다. 더럽다는 그 말 한마디로 그 물을 대하는 기분이 달라졌을 뿐이다.

부부 간에 단란하게 식사를 하다가 무슨 일로 싸움을 시작하게 되면 이미 밥맛은 어디로 달아나버린다. 결국 화를 내면 입맛도 식욕도 변해버린다. 슬플 때도 마찬가지여서 실연이라도 하면 평소에 좋아하던 음식도 먹을 맛이 없어진다.

그러므로 위장이 아무리 튼튼한 사람도 정신상태가 안정되지 않을 때, 즉 기분이 나쁠 때는 식욕이 없어지고 위장의 활동도 둔해진다. 아무리 강한 장사도 기분이 나쁘면 그 힘을 충분히 발휘하지 못하고, 아무리 훌륭한 투수도 기분이 나쁠 때는 투구가 잘 안 되는 것도 다 그래서다.

스포츠 중계를 보면 해설자가 '이 선수는 정신력이 문제입니다. 체력은 충분한데, 문제는 정신력에 있습니다'라고 말하는 것을 흔히 듣는다. 자기가 지닌 강력한 힘을 경기에 임하여 충분히 발휘하느냐 못하느냐의 열쇠는 그 사람의 정신력에 달려 있다.

최근 정신의학 서적에서 '위장이 나쁜 사람 가운데에는 사고가 제멋대로인 사람이 많다'는 글을 읽은 적이 있다.

당연한 말이다. 위장이 나쁜 사람일수록 식사 때가 되면 음식에 대하여 말이 많다. 맛이 있느니 없느니 하는 따위의 투정이 그것이다. 그러나 건강한 사람은 무엇이든지 감사하게 먹는다.

종교를 믿어서 병이 나았다는 말을 하는 사람이 많다. 예수나 부처를 믿고 그 사람의 마음이 정상화되면 그 정상화된 마음이 몸에 영향을 주어서 병이 낫고 건강해진다는 것은 조금도 이상할 것이 없다. 그러나 아무리 종교를 믿는다 해도 마음이 달라지지 않으면 병이 낫지 않는다.

3

마음은 행동을 결정한다

작은 행동이 거듭되어서 운명을 만드는 것으므로
작은 행동도 무심코 해서는 안 된다

　세상에는 여러 가지 불가사의한 일이 있다. 아직 일어나지 않은 내일의 일이나 일 년 후의 일을 알아내는 예지의 능력을 지닌 사람이 가끔 있다. 아직 일어나지 않은 일을 미리 안다는 것은 상식적으로 불가능한 일인데 예언한 그대로의 일이 일어나니까 불가사의한 일이 아닐 수 없다.

　장래의 일을 미리 아는 것이 어떻게 해서 가능한지는 우리에게 매우 중요한 일이다. 대체로 우리가 무엇을 아는 데는 반드시 보는 과정을 거쳐야 한다. 빛, 소리, 냄새, 맛, 촉감 등은 모두 보고 들어보고 맡아보고 맛보고 느껴봐야 알게 되는 것이다.

　그러니까 누가 무엇을 알았다면 그는 그것을 보았다는 결론이 된다. 그렇다면 미리 알았다는 것도 미리 보았다는 이야기인데 아직 없는 것을 미리 본다는 일이 있을 수 있는가?

가끔 우리는 막연히 '그럴 것'이라는 짐작만으로 앞일에 대한 무엇을 미리 예측해서 시험 삼아 던진 말이 들어맞는 수도 있다.

그러나 이런 것을 예언이랄 수는 없다. 진짜 영매(靈媒)의 영적 각성을 통한 예언이란 것은 그런 것과 아주 다르다. 그들이 예언하는 광경을 보면 영매는 예언을 하는 동안 눈을 감은 채 의식을 잃은 상태에 있어서 전혀 그의 오관은 현실적인 작용을 하지 못한다. 그런데 영매는 그 당장에 곧 생생하게 보고 듣는 것이 있어서 그것을 말한다(이것은 각국 심령학회의 공통된 실험 보고의 결과).

그러면 여기서 우리는 그들이 무엇을 어떻게 보는 것인가를 생각할 필요가 있다. 눈은 감았으니까 그 감은 눈이 보는 것이 아님은 명백하다. 그리고 보고 있는 사물이 현재 현실적으로 있는 것이 아니니까 눈으로 보일 리도 없다.

그런데 그들은 생생히 보고 듣는 사실이 있으니 그들이 그때 보고 듣는 것은 오관의 눈과 귀로 현상을 보고 듣는 것이 아니라, 마음의 눈과 귀로 마음의 세계(이념의 세계)에 있는 것을 보고 듣고 하는 것임을 알 수 있다.

여기서 다시 우리가 깨닫게 되는 점은 현상계에는 아직 없는 일이나 앞으로 현상계에 나타날 예정인 것이면 마음의 세계에는 이미 그 설계도나 계획서 같은 것이 이념으로써 내재한다는 점이다.

만약 미래의 일이 현상계에 아직 없는 것처럼 마음의 세계에도 아직 없는 것이라면 예언을 하는 영매들이 어떻게 현재에 없는 것을 현재에 보고 현재에 듣고 할 것인가?

마치 우리가 하나의 작품을 현실화하자면 먼저 그 아이디어가 우리의 머릿속에 뚜렷이 있어야만 되는 것처럼 현상세계의 모든 일도 마음의 세계에 먼저 이념으로 이루어진 다음에 현상으로 나타나는 것이다. 그래서 영매들은 현상계에는 아직 없지만 그 마음의 세계에 이미 이루어진 그 이념적인 것을 보고 듣고 말하는 것임을 알 수 있다.

이 현상계는 이미 마음의 현상계에서 조립된 것이 나타나는 것이고 보면 자기 운명을 지배하는 데도 먼저 자기의 마음을 지배하지 않으면 안 된다는 것을 알 수 있다. 자기의 운명뿐만 아니라 국가의 운명도 세계의 운명도 그것이 현상으로 나타나기 전에 국민의 마음과 세계 인류의 마음을 먼저 지배하지 않으면 안 된다.

여행을 한다고 하더라도 실제로 여행을 하기 며칠 전에 이번 일요일에는 어느 차편을 이용하여 어디로 간다고 먼저 마음에 예정을 세운다. 그리고 예정한 날이 되면 자기가 계획한 스케줄에 의하여 여행을 한다. 그리고 그 스케줄은 자기가 정하는 것이다. 설령 다른 사람이 계획한 것이라도 거기에 자신이 동의하면 그건 자기가 정한 것이 된다.

하나의 작은 행동이 거듭되어서 그 사람의 운명을 만들어나가는 것이므로 작게 보이는 행동 하나라도 우리는 무시해서는 안 된다.

우리의 운명을 밝고 즐겁게 하려면 하나의 행동을 밝고 즐겁게 해야 하고, 행동을 그렇게 하려면 행동의 원동력인 마음을 먼저 그렇게 하지 않으면 안 된다. 마음이 밝고 즐거워지면 그것이 현상으로 나타나서 밝고 즐거운 운명을 만들어내는 것이다.

인간의 행동은 마음이 정하는 것이다. 마음에 그린 것이 행동으로 나타나는 것이다. 학교를 선택하는 것도, 친구를 선택하는 것도, 회사에 취직하는 것도, 어떤 일을 선택할 것인가도 우선 마음의 세계에 그려 놓고 자기의 스케줄이 결정하는 것이다. 마음이 행동을 결정한다. 그것을 소홀히 하면 자기의 운명을 밝고 즐겁게 할 수 없는 것이다.

4
마음이 환경을 만든다

인정한 것만이 존재한다는 사실을 아는 것이
행운의 문을 여는 열쇠다

마음이 행동으로 나타나고 그 행동은 자기의 환경을 만든다. 그러므로 자기의 환경은 자기의 마음으로 만든 것이라고 할 수 있다. 지금까지는 마음이 환경에 의해서 나타난다고 했는데 미국의 심리학자 윌리엄 제임스는 "즐거우니까 웃는다고 하지만 반대로 웃으면 즐거워진다"고 했다.

마음이 형체에 나타나는 것도 사실이지만 반대로 형체가 마음에 영향을 준다는 것도 사실이다. 단정하게 앉으면 마음도 단정해지지만 아무렇게나 흐트러진 자세로 앉으면 마음도 역시 흐트러지기 쉽다.

잠옷을 입으면 잠을 자야겠다는 기분이 들지 산책을 해야겠다는 생각은 하지 않는다. 옷을 잘 갖춰 입고 화장실 청소를 하겠다는 생각을 하지 않는 것과 같이 확실히 형체는 마음에 영향을 준다.

그러므로 마음으로 생각한 것이 형체에 나타나고, 나타난 것을 인정하면 그것이 또 형체로 나타나고, 그것을 또 마음으로 인정하면 그것이 다시 형체로 나타나곤 하여 같은 일을 되풀이한다. 이것을 습관이라고 한다. 그리고 이 습관으로 인해 '나는 이러한 운명이다, 나는 머리가 나쁘다, 나는 몸이 약하다' 따위의 고정관념을 만들어놓고 그것이 바뀔 수 없는 운명인 것처럼 생각하기 쉽다.

도덕재무장운동(MRA)의 창시자인 프랑크 부크먼은 "생각은 행동이 되고 행동은 습관을 낳고 습관은 품성을 만들고 품성은 운명을 결정한다"고 했다.

『생명의 실상』에는 인정한 것만이 존재에 든다고 하는 근본진리가 쓰여 있다. 이것이야말로 운명을 결정하는 진리의 하나다.

예를 들어 '나는 불행하다'고 생각하면 불행이 나타난다. 그런데 그 불행을 보고 '역시 나는 불행하다'고 생각하면 또 그 불행을 마음으로 다시 인정하는 것이기 때문에 그것이 점점 더 크게 구체화된다. 사람이 환경에 지배되는 것은 그 환경을 인정하기 때문이다.

'현실에 있어서 나는 불행하니까 불행하다고 생각하는 것이고, 그러니까 그 불행한 현실을 인정하는 것은 당연하지 않은가?' 이렇게 말하는 사람도 있지만 불행을 불행으로 인정하면 그것이 또 현실로 가중되어서 마음과 환경과의 악순환이 언제까지나 계속되는 것이다. 그러니까 지금의 운명에서 벗어나서 새로운 운명을 만들고

자 한다면 '인정한 것만이 존재한다'고 하는 것을 확실히 알고서 이
진리를 응용하는 것이 행운의 문을 여는 데 필요한 열쇠다.

5
내가 변하면 상대도 변한다

많은 사람을 좋아하고 기쁘게 해줄수록
나에게 돌아오는 기쁨도 크다

사람은 누구든지 자기가 좋아하는 사람을 기쁘게 해주려고 노력한다. 자기가 힘이 들어도 그가 기뻐하면 그 수고로움이 문제가 되지 않는다. 그러나 그와 반대로 자기가 싫어하는 사람에게는 그가 싫어하는 일을 해서 괴롭히고 싶은 생각을 한다. 자기가 싫어하는 사람이 기뻐하는 것을 보면 약이 오른다. 운동경기를 보아도 자기가 좋아하는 팀이 이기면 대단히 기뻐하지만 싫어하는 팀이 이기면 그렇지 않다.

왜 이런 일이 일어나는가? 그것은 좋아하는 사람, 사랑하는 사람과는 자기와 하나인 것 같은 느낌이 들기 때문에 상대의 기쁨이 자기의 기쁨으로 되는 것이다.

이와 같이 사람은 자기 자신의 일뿐 아니라 자기가 좋아하는 사람, 싫어하는 사람에게서 받는 영향도 아주 큰 것이다. 자기가 좋아하는 사람이 많은 사람은 기쁘게 해주어야 할 사람이 많기 때문에 그는 많은 사람에게 친절하고 봉사적인 사람이 된다.

당신이 기쁘게 해준 상대는 자기를 기쁘게 해준 당신을 좋아하게 되고 당신에게 또 기쁨을 주게 되는 것이다. 그러니까 당신이 누구에게든지 기쁨을 주었다면 그 기쁨은 당신에게 되돌아오기 마련이다.

'나는 하나도 좋은 것이 없다, 짜증만 난다'고 하는 사람은 상대방이 자기를 위해 주기만을 바라는 사람이다. 그런 사람은 받을 것만 생각하기 때문에 나는 그런 이를 '마음의 거지'라고 부르고 싶다. 자기만 위해 주기를 바라고 남을 위하지 않는 사람은 차츰 자기를 기쁘게 해주는 사람이 없어져 버린다. 뿐만 아니라 대하는 사람마다 그를 이기주의자라고 미워할 것이다. 그래서 그런 사람은 '하나도 재미있는 것이 없다'고 하게 되는 것이다.

그러므로 자기가 즐거운 생활을 하기 위해서는 먼저 아버지, 어머니, 형제, 자매, 친구 등을 기쁘게 해주는 사람이 되어야 한다. 자신의 주위에 있는 모든 사람을 기쁘게 해주는 사람이 되면 그 주위에 있는 사람이 자기를 기쁘게 해줄 것이다.

부모님께 효도를 하라고 하면 케케묵은 이야기로 생각하는 사람이 있다.

아침에 일어나서 아버지 어머니께 '안녕히 주무셨습니까' 하고 인사를 하면 그것도 효도의 하나이다.

부모님께 부드럽고 밝게 웃는 얼굴로 이런 아침인사를 드리면 다 흐뭇해한다. 기뻐서 빙그레 웃음을 띤 얼굴로 머리를 끄덕이시는 부모님의 모습을 보면 자신의 마음이 다시 기뻐진다. 이렇게 인사를 한다는 것은 인사를 받는 사람을 위해서 하는 것 같지만 사실은 인사를 하는 자신의 마음이 더욱 즐겁고 명랑해지는 것이다.

내가 대구에 있을 때 이런 이야기를 했더니 어느 여고생이 다음과 같은 말을 했다.

"저는 지금까지 아침에 일어나서 부모님께 인사를 드려본 일이 없습니다. 그런데 선생님의 말씀을 듣고 나서 다음날 아침부터 일어나 세수를 하고는 아버지 어머니께 '안녕히 주무셨습니까?' 했더니 부모님께서 아주 기뻐하시면서 '그래, 너도 잘 잤니?' 하시는 것이었습니다.

부모님의 웃으시는 얼굴을 뵈니 기뻐서 눈물이 났습니다. 더욱 기쁜 것은 축농증을 앓고 있어서 항상 코가 막혀 입으로 숨을 쉬었는데, 그 코가 깨끗이 나아버린 것입니다. 지금은 머리가 상쾌하고 기분이 아주 좋습니다. 그래서 기쁜 마음을 감출 수가 없어서 감사의 인사를 하러 왔습니다."

행복은 대인 관계에서

자기가 즐겁고 기쁘기 위해서는 먼저 자기 주변에 있는 사람들을 기쁘게 하라. 상대를 기쁘게 하면 그 기쁨은 자신에게 되돌아오는 법이다. 그러므로 될 수 있으면 많은 사람을 좋아하고 많은 사람을 기쁘게 해줄수록 자기에게 돌아오는 기쁨도 그만큼 많아져 즐겁고 밝은 생활을 할 수 있게 되는 것이다.

사람은 누구나 '나는 많은 사람의 귀여움을 받고 있다. 많은 사람이 나를 사랑하고 아껴준다'고 느낄 때 비로소 즐거운 생활, 행복한 생활을 하게 된다. 그러니까 많은 사람의 사랑을 받기 위하여 먼저 자신이 많은 사람을 사랑하고 위하는 일을 해야 한다. 이제부터 '나는 왜 이렇게 불행한가'하고 세상을 원망하고 남을 미워하고 자신을 저주하는 생활을 청산하려거든 많은 사람을 위하여 기쁨을 주는 생활로 용감하게 전환하라.

먼저 자기 주변의 가까운 사람들에게 친절과 고마움을 안겨주는 생활을 해서 그들이 모두 나를 필요한 사람, 잠시라도 없으면 아쉬워서 찾을 정도의 사람이 되도록 힘쓸 일이다. 그렇게 하면 곧 당신 앞에 밝고 즐겁고 평탄한 행복의 길이 열릴 것이다.

왜 마음먹은 대로 할 수 없을까

인간에게는 잠재의식이 있는데
사람이 하는 대부분의 행동은 이 잠재의식이 지배한다

'나는 아침에 일찍 일어나려고 해도 안 된다, 나는 공부를 해야 겠다고 생각하면서도 그게 도무지 마음먹은 대로 안 된다!' 이런 말을 우리는 흔히 듣는다. 자기가 무엇을 하고자 마음먹어도 제대로 실천이 되지 않을 때에 우리는 괴롭다. 공부를 하자고 생각했으면 자기가 생각한 대로 공부가 되어야 하는데 잘 안 된다. 왜 마음먹은 대로 인간은 할 수 없을까? 이 점에 대해서 깊이 생각해보자. '공부를 하자'고 하는 마음은 분명히 있는데 실제로는 공부가 안 된다면, 이것은 한편에는 '공부를 하고 싶지 않다'는 마음도 있어서 그런 것이다.

'인간의 행동은 마음이 지배한다'는 사실을 알고 있을 여러분이 공부를 하려고 해도 공부가 안 된다는 사실은 결국 실제로는 공부를 하지 않는 것이므로 공부를 하고 싶지 않다는 마음이 자기를 지배하고 있다는 것도 알 수 있을 것이다. 그러면서 '공부를 하고 싶다'는 또 하나의 마음이 있으니 마음의 구조란 참으로 불가사의한 것이다.

'저 사람은 좋은데 어쩐지 호감이 안 간단 말이야!' 이런 말도 때로는 듣는다. 좋은 사람이면 좋아져야 할 터인데 왜 호감이 아니 간단 말인가? 이건 상대방의 인격에 좋은 면과 좋지 않은 면의 이중적인 것이 있어서 그럴 수도 있고 자기의 마음에 상대방을 좋아하는 마음과 좋아하지 않는 마음이 두 가지로 작용하고 있어서 그럴 수도 있다.

'공부를 하자'는 마음과 '공부하기 싫다'는 마음, 이 두 가지 마음이 있는 것과 마찬가지다. 사람에게 이 두 가지 마음이 함께 있다는 것을 과학적으로 연구한 사람이 지그문트 프로이트다. 프로이트는 '인간의 마음에는 두 가지의 작용이 있다. 즉 하나는 현재의식이고, 다른 하나는 잠재의식이다'라고 말했다. 현재의식이라는 것은 지금 머리에 떠오른 마음이지만 잠재의식은 자기의 마음이면서 자기도 모르게 숨어 있는 마음이다. 우리에게 자기의 것이면서 자기가 모르는 마음을 가졌다는 것은 참으로 이상한 일이다. 이 잠재의식이 사람의 행동을 거의 지배하고 있으니까 잘 알아둘 필요가 있다. '공부를 하자!'고 하는 현재의식이 있어도 '공부를 하고 싶지 않다!'는 잠재의식이 있는 한 '공부를 해야지' 하는 마음만으로 공부가 되는 것이 아니다. 그리고 '좋은 사람이지만 싫다'의 경우도 '좋은 사람'이라고 판단하는 것은 현재의식이고 '싫다'고 하는 것은 잠재의식이다.

만약 여러분이 처음으로 누구와 만났을 때 첫인상이 아주 나빠서 '기분 나쁜 사람이다'고 느껴지거든 가만히 눈을 감고 생각해보라. 틀림없이 이제까지 자기와 알고 있는 사람 중에 자기가 싫어하는 사람과 어딘지 비슷한 데가 있을 것이다. 친구들 중에 없다면 텔레비전이나 영화에서 본 아주 기분 나쁜 타입의 사람과 어딘가 닮은 데가 있을 것이다. 그 싫은 사람이 누구였는지 자기가 까맣게 잊어버렸지만 마음의 밑바닥에는 그것이 고스란히 간직되어 있어서, 즉 잠재해 있어서 그 사람과 같은 데가 있는 사람을 보면 기분이 나빠지는 것이다.

우리들 마음속에는 좋은 사람 또는 사랑하는 사람에게 기쁨을 주고 싶다는 마음이 있고, 그와 반대로 싫은 사람에게는 그 사람이 싫어하는 일을 하고 싶은 마음이 있다. 무의식중에 자기도 모르게 행동하는 이것이 바로 잠재의식의 작용에 의한 것이다.

모든 분야에 잠재의식이 작용한다는 것을 알면 친구 간의 교제나 직장에서의 인간관계도 잠재의식, 즉 마음에 의해서 이루어짐을 깨달아 좋은 관계를 유지하도록 노력하게 된다.

7
먼저 마음을 다스려라

무엇이든 마음속으로 정한 것이면
그것이 행동으로 표출되므로 먼저 마음을 다스려야 한다

무슨 일이든지 시작하려면 우리는 먼저 마음속에 분명히 그 일에
대한 결심을 다져야 한다. 훌륭한 피아니스트가 되자고 먼저 굳건한
결심을 하면 그러기 위해 어떻게 해야 하는가는 그 다음 문제다.

한때 소련을 꺾고 동양의 마녀라고 불렸던 일본의 여자 배구팀
의 감독 다이마쓰의 저서 『나를 따라오라』를 읽고 나는 깊은 감동을
받았다.

다이마쓰는 먼저 '나는 세계 제일의 여자 배구팀을 만들 것이다'
라고 마음을 정했다는 것이다. 그리고 팀 전원에게 '세계 제일이 되
자'는 자신의 결심을 말하여 팀 전원이 또한 '세계 제일이 된다'는
결심을 하게 했다. 그리고 세계 제일이 되려면 어떤 연습을 해야 할

것인지, 어떤 전략을 세워야 하는지를 마음속에 결정하고 그것을 실천에 옮겼다.

팀 전원이 '세계 제일이 되겠다'는 굳건한 결심을 했기에 하루에 다섯 시간의 수면만으로 아침 여덟시 반부터 오후 네시 반까지 회사에 근무하면서 그 이외의 시간을 다섯 시간 혹은 일곱 시간씩 야간에 맹훈련을 할 수가 있었던 것이다.

세계 제일이 되겠다는 철저한 결심이 없었더라면 아마 그런 힘든 훈련을 지속하지 못했을 것이다. 그런 맹훈련을 견뎌낸 것은 마음속에 '우리는 세계 제일이 된다'는 결심이 서 있었기 때문이다. 세계 제일이 되자면 이 정도의 맹훈련을 받지 않으면 안 된다고 생각했던 것이다.

일반적으로 그들이 맹훈련을 했기 때문에 세계 제일이 되었다고 하지만, 그들이 세계 제일이 되겠다고 마음으로 결정했기 때문에 세계 제일이 된 것이다.

무엇이든지 참으로 마음속에서 정한 것이면 반드시 그것이 행동으로 나타나는 것이다. 이러한 것은 다분히 자신의 힘으로도 가능하다. 그러므로 자기의 운명을 지배할 수 있는 것은 결국 자기 마음인 것이다.

2장

적극적인
자세를
갖추는 법

1

칭찬을 받으려면 먼저 칭찬하라

칭찬을 받으려면 칭찬을 하고 험담을 들으려면 험담을 하라
오직 씨앗은 뿌린 대로 열매를 거두게 된다

비관주의자가 되지 말고 낙관주의자가 되도록 노력하라. 비관주의자는 자기 자신도 모르는 사이에 자신은 물론 자기 주위에 있는 사람들에게도 불행, 가난, 실패, 미움, 마음의 고난을 가져다 준다. 그러나 낙관주의자는 자기도 모르는 사이에 자신은 물론 주위에 있는 사람들에게 행복, 성공, 사랑, 마음의 평화를 가져다 준다.

비관주의자는 의심, 절망, 미움을 마음에 담고 살지만, 낙관주의자는 믿음, 신념, 희망, 사랑을 신조로 삼고 살아간다. 부정적 사고는 당신을 해치는 독약이므로 빨리 떨쳐버리는 것이 좋다.

적극적인 자세를 가진 사람이 많으면 많을수록 가정, 사회, 국가, 세계가 더 살기 좋아지고 반면에 소극적인 자세를 가진 사람이

많으면 많을수록 그와 반대가 된다. 그러므로 일생을 성공적으로 살고 싶다면 적극적인 정신자세를 생활에서 익히도록 힘써야 한다.

예부터 큰 사람은 남의 험담을 하지 않았다. 오늘날과 같이 바쁜 세상에서 제 갈 길도 바쁜데 남의 험담을 할 시간이 어디 있는가?

흠잡기를 일삼는 사람은 남의 약점을 발견하기 위하여 자기 자신을 전부 낭비하고 있다. 그 이유는 간단하다. 남의 험담을 즐기는 사람은 자기 자신의 문제를 잘 해결하지 못하는 사람이기 때문에 자기의 처지를 합리화시킬 목적으로 남의 결점을 캐는 것이다. 그들은 자신의 문제에 대해서는 소극적이면서 남의 문제에는 사사건건 간섭한다. 그러므로 남의 흠을 잘 잡는 소극적인 자세를 가진 사람치고 성공한 사람은 거의 없다.

큰 사람의 주된 화제는 아이디어고, 보통 사람의 주된 화제는 물질이고, 작은 사람의 주된 화제는 남의 험담이다.

험담을 바꾸어 말하면 비판이라고도 할 수 있다. 비판은 금물이다. 반대로 남이 나를 비판하고 흠잡으면 좋겠는가? 남을 비판하는 사람은 그 누구보다도 제일 먼저 자기 자신이 피해를 본다. 사람은 남을 비판할 때마다 자기 자신의 몸에 독침을 주는 결과를 초래한다. 마음의 평화를 얻으려면 비판 대신 남들의 장점을 발견하여 칭찬해 주어야 할 것이다.

남을 해치려고 음모하는 자는 남을 해치기 이전에 자기 자신이 먼저 해를 당한다.

간디는 "미움은 미움 받는 사람보다도 미워하는 사람을 상처나게 한다"고 설파했다. 또 성서에는 "원수를 사랑하라"는 경구가 있다. 남을 못살게 괴롭힌 사람치고 마음의 평화를 가질 수 있는 사람은 세상에 아무도 없다. 남이 잘 살고 행복하고 성공하는 것을 볼때 비로소 사람은 마음의 평화를 찾을 수 있는 것이다.

남을 비판하고 그 대가로 칭찬 받으려고 기대하지 말라. 칭찬을 받으려면 칭찬을 먼저 하고 비판을 받으려면 비판을 먼저 하라. 오직 씨앗 뿌린 대로 열매를 거두게 된다. 비판의 씨앗을 뿌려 놓고 칭찬의 열매를 기대하는 사람은 어리석다.

나무가 하나둘 모이면 숲을 이룬다. 숲은 나무 하나둘이 모여서 이루어진 것이다. 티끌이 모이면 태산이요, 태산이 무너지면 티끌이다. 나무와 숲을 동시에 볼 줄 알아야 한다. 나무 하나둘도 중요하지만 숲도 중요한 것이다. 손에서 손등만 보지 말고 손바닥도 보라. 동전의 한 면만 보지 말고 다른 한 면도 보라.

마찬가지로 사람은 장점과 단점을 모두 가지고 있다. 사실 문제가 되는 것은 장점이 아니라 단점이다. 대부분의 사람은 상대방의 단점만을 보고 흠을 잡는 나쁜 버릇을 가지고 있다. 털어서 먼지 안나는 사람은 없다. 사람은 누구나 흠을 가지고 있다. 그러나 우리의 미덕은 상대방의 단점보다는 장점을 보고 칭찬해주는 것이다. 남의 흠을 잘 잡는 사람은 세상에서 가장 어리석은 사람이다.

삶을 살아가는 동안 불운과 행운은 어느 누구에게나 찾아온다. 문제는 불운과 행운이 아니라 불운과 행운에 대처하는 자세가 더 중요하다는 사실이다. 그러므로 우리가 적극적인 자세와 소극적인 자세 둘 중에서 어느 편을 선택하느냐는 매우 중요하다. 모든 것이 선택의 결과이며 우리 자유의지의 소산이다. 사람은 신으로부터 선택된 자유의지를 선물로 받았다.

그러나 보통 사람은 이 엄청난 선택권, 자유의지의 가치를 모르고 있다. 우리는 자유의지를 가졌기 때문에 행복과 불행을 선택할 수 있는 것이다. 적극적인 자세를 가진 신념의 사람은 '불가능'이나 '불운'이 있을 수 없다. 적극적인 자세를 가진 사람은 불가능을 가능으로, 불운을 행운으로 변화시키기 때문이다. 그들은 용기와 신념으로 산다. 신념과 용기는 재산이다.

성공하는 사람에게서 노력, 신념, 용기를 빼앗아 버리면 그 사람은 실패한다. 반대로 실패하는 사람에게 신념과 용기를 넣어주면 그 사람은 성공한다. 큰 성공의 열쇠는 작은 성공이다. 큰 자신감의 열쇠는 작은 자신감이다. 물방울이 모여 강을 이루고 강물이 모여 바다를 이루듯 '나는 할 수 있다, 나는 해낸다'는 적극적인 정신 자세는 바위도 깨고 강철도 녹이게 되는 것이다.

비평의 진정한 목적과 사명은 한 사람을 매장시키고 사기를 저하시키기 위한 것이 아니라 그 한 사람을 정상적인 사람으로 소생시키는 데 있다. 다시 말해서 비평의 목적은 '나는 할 수 없다'라는 소극적인 자세를 가진 사람을 '나는 할수 있다'라는 적극적인 자세를 가진 사람으로 만드는 데 있다. 이 목적 이외의 모든 비판은 독침과 같이 해로운 것이기 때문에 금해야 한다.

심리학자들은 사람이 남의 비판을 즐기는 이유를 다음과 같이 세 가지로 말하고 있다.

사람은 자기의 위신을 높이기 위해서 남을 비판한다

실패로 비참한 상태에 처해 있는 사람일수록 남을 비판하여 자기의 위신을 높이려 하고, 혹은 자기보다 더 출세한 사람에 대해서는 그 사람의 출세가 진정한 출세가 아니라고 주장하며 그 사람을 자기와 같은 실패자의 수준까지 하락시키려고 노력한다. 즉 비판을 잘하는 사람은 다음과 같은 소극적인 자세의 소유자다.

'당신은 실패자인 나보다 더 나을 것이 조금도 없다.'

사람은 자기가 당하고 있는 비참함을 남에게 보복하기 위해서 비판한다

남을 비판하는 사람은 무의식중에 '내가 비참한 사람이기 때문에 너도 비참하게 만들겠다'는 소극적인 자세를 가진 사람이다.

> 사람은 모든 사람의 공통적인 약점인 죄책감, 고민거리를 꼬집어서 비판한다

상대방이 제삼자에 대한 이야기를 하는 것을 들을 때 우리는 제삼자의 인격보다 상대방의 인격을 더 잘 알 수가 있다. 바로 그때 그 사람은 당신에게 그 사람 자신의 인격에 대해서 말해주는 것이다. 비판에 대한 동기가 무엇이든 간에 '비판을 한다는 것은 어려운 일이 아니다'라는 옛말이 있다.

비판하기는 쉽다. 그래서 많은 사람들이 남의 흠을 보고 비평하기를 즐긴다. 비판을 통해서 그들 자신을 재발견하게 하지 못하고 비참하게 만드는 소극적인 자세는 금물이다. 아픈 상처는 치료를 해야 회복되지 더러운 손으로 만지작거리면 더욱더 상처가 커지게 된다.

'불행이란 소극적인 사고의 열매요, 소극적인 사고는 불행의 씨앗이다.' 따라서 불행을 잡고 통곡하지 말고, 불행의 원인인 소극적인 사고방식을 적극적인 사고방식으로 변화시켜서 성공과 행복을 개척해야 할 것이다.

2

비판에 대한 우리의 자세

자기의 일에 충실한 사람은 남의 일에 간섭할 시간이 없다

상대방의 비판을 객관적으로 들어라

상대방의 비판에는 다소간의 진리가 내포되어 있다. 만일 상대방의 비판이 옳은 말이면 그 비판을 받아들여 자기의 단점을 시정하라. 만일 상대방의 비판이 옳지 않다면 그 비판은 일단 잊어버려라.

정당한 비판이 아니면 응하지 말라

만일 당신이 어떤 비판을 완전히 무시해버리면 그 비판은 죽어버린다. 사실과 무관한 비판을 듣더라도 그 비판을 가지고 싸우지

말라. 사실과 무관한 비판을 가지고 왈가왈부하고 싸우면 당신도 같은 사람이 되고 만다.

꿀벌을 맨손으로 잡았을 때, 꿀벌을 손안에 잡았다고 해도 당신 손에는 이미 꿀벌의 침이 박혀 고통을 느낄 것이다. 호랑이와는 타협하지 말라. 호랑이의 근성은 야성적이다. 원수와는 타협하지 말고 싸워라. 싸우는 방법은 사랑이다. 원수가 왼쪽 뺨을 때리면 오른쪽 뺨을 돌려주라.

만일 바보와 타협하면 당신도 바보가 된다. 링컨이 대통령에 출마했을 때 그의 경쟁자들은 링컨이 흑인 여자와 간통했다는 소문을 퍼뜨렸다. 큰 사람인 링컨은 이런 경우에 무슨 말을 했을까? 링컨은 아무 말도 하지 않고 자기 할 일만 했다.

뜬소문이 있을 때 당신 자신에 대해서 변호하지 말라. 사람들은 이미 당신의 소문에 대한 변명을 원하지 않고, 당신의 원수는 당신의 변호를 믿지 않기 때문이다.

❝비판은 일단 들어라❞

만일 비판이 정당하면 받아들여 취하라. 그러나 정당치 못하면 쓰레기통에 넣어 쓰레기와 함께 버린 후에 그것을 잊어버려라.

비판은 칭찬을 뒤집어 놓은 것임을 알라

　죽은 개를 발로 걷어차는 사람은 아무도 없다. 비판은 칭찬과 더불어 따라다닌다. 사람들은 혹 당신처럼 큰 성공을 못할 때 당신을 그들의 수준으로 끌어내려야만 만족을 느낀다. 비판은 당신이 비판가의 질투심을 일깨웠다는 것을 뜻한다.

　그들은 무의식중에 이런 자세를 가지고 있다.

　"당신은 네가 할 수 없는 일을 해냈다. 나는 단지 그것 때문에 당신을 미워한다. 당신은 나보다 위대하다. 나는 당신이 가진 것을 가지고 싶다."

　비판가는 당신의 성공에 대한 칭찬을 거꾸로 하고 있는 것이다.

비판은 성공의 대가임을 알라

　만약 당신이 승리의 순간까지 비판을 견딜 수 없다면 운동경기의 선수로 활약치 말라. 성공의 사닥다리 위에는 거센 바람이 분다. 역사적으로 볼 때 성공한 사람들은 많은 사람들로부터 비판을 많이 받았다.

　만일 남의 비판을 피하려거든 아무 말도 하지 말라. 아무 쓸모 없는 실패자가 되라. 반대로 남이 비판을 하든 말든 자기 목적과 사명을 달성하고 성공하여 행복하기를 원한다면 할 말을 하고, 해야 할 일을 하고, 쓸모 있는 사람이 되라. 가장 멀리 여행하는 자는 혼자서 여행을 하는 자다. 사람들의 비판과 같이 여행을 하는 자는 멀리 여행을 못한다.

『비판에 흔들리지 않으려면 비판자를 사랑하라』

당신을 미워하는 자를 사랑할 때 당신은 당신의 원수가 친구로 변하는 것을 발견할 것이다. 처음에는 원수가 마음의 변화를 일으키지 않을지도 모른다. 원수를 사랑함으로써 원수가 변화를 일으키는 것은 둘째 문제다. 원수를 사랑하면 당신의 사랑은 당신 자신을 먼저 새 사람으로 변화시킨다.

세상을 변화시키려면 먼저 자신부터 변화하라. 당신이 사랑의 자세를 실천하여 새 사람이 될 때 원수는 비로소 당신을 좋아하게 된다. 가장 나쁜 원수도 가장 좋은 친구가 될 수 있다. 사랑은 모든 문제를 해결하고 모든 것을 이기고 모든 병을 고친다.

3
적극적으로 생각하고 행동하라

적극적인 사람이 되려면
적극적인 자세로 생각하고 느끼고 행동해야 한다

쓸데없는 근심, 걱정, 질투, 증오, 시기, 미움은 생활을 더 힘들고 가난하고 병들게 만든다. 반면에 신념, 자신감, 긍지, 자부심, 희망, 사랑, 용기는 생활을 더 쉽고 윤택하고 아름답고 멋지고 건강하게 만든다.

사람은 누구나 주위 환경의 지배를 받는다.

그러나 환경이 중요한 것이 아니라 환경을 대하는 자세가 더 중요하다. 사람들은 소극적인 사고방식이나 자세 때문에 용기와 신념을 잃게 되고, 어떤 일을 결정해서 처리해야 할 때 주저하고 의심하다가 시간과 기회를 놓쳐 실패하게 되면 후회하며 원망하게 된다. 사람은 누구나 신속하고 냉철한 결정을 해야 함을 알고 있다. 결정은 중요하고도 어려운 것이다. 결정 여하에 따라서 엄청난 결과가 초래된다.

소극적인 자세로 사는 사람은 그 많고 많은 것 중에서 오직 소극적인 가능성만을 향해서 생각하고 느끼고 행동한다. 그들은 자기의 결심이나 결정에 따라 살지 않고 다른 사람의 결심이나 결정을 따라 살면서 투덜거린다. 사람이 말을 끌고 가야지 말이 사람을 끌고 가면 결과는 파탄이다. 소극적인 자세로 사는 사람은 다른 사람의 비판을 무서워하는 사람으로 타인을 너무 지나치게 의식하고 경계한다.

'사람들이 나에 대해서 무슨 말을 할까? 혹시 손해나 보지 않을까? 만약에 얼굴이 붉어지고 횡설수설하게 되어서 남들이 웃지나 않을까? 사람들은 나를 오해하지나 않을까? 잘못하면 친구를 다 잃어버릴지도 몰라.'

그들은 이런 식으로 생각하고 느끼고 우유부단하게 행동하면서 살아간다.

우리가 소극적인 가능성만을 생각하고 느끼고 행동하는 한 우리는 우리의 힘을 다 끌어내어 잠재능력을 발휘할 수 없다. 사람은 누구나 남이 무슨 소리를 하든지 간에 자기가 결심하고 결정한 대로 밀고 나가야 성공할 수 있는 것이다.

4
밝은 생각이 밝은 행동을 낳는다

사람의 생각·감정·행동은 곧
그 사람의 인격이므로 옳은 행동과 생각을 하라

보통 사람에게는 생각과 행동 사이에 엄청난 차이가 있다. 그러나 심리학에서는 생각이 곧 행동이다. 사람은 누구나 생각하고, 느끼고, 행동하면서 살고 있다.

사람은 누구나 자기의 생각·감정·행동을 변화시킬수 있고, 선택할 수 있고, 조종할 수 있는 자유의지를 가지고 있다.

사람과 자연은 선하다. 그러나 자연을 사용하는 우리의 마음, 즉 자유의지가 선과 악을 좌우한다. 자신의 마음이 우울할 때 밝고 명랑한 사람이 되기를 원한다면 명랑한 생각, 명랑한 느낌, 명랑한 행동 중에서 어느 것을 먼저 선택하든지 간에 한 가지를 먼저 선택하면 된다. 생각과 감정은 서로 연결되어 있고 또한 같은 것이다. 다시 말해서 명랑한 생각을 하다가 명랑한 사람이 안 되면 명랑한 마음을 가지고, 명랑한 마음을 가지고도 명랑한 사람이 안 되면 명랑한 행동을 한다. 틀림없이 명랑한 사람이 될 것이다.

생각과 감정, 행동 중에서 중요치 않은 것은 하나도 없다. 똑같이 중요하다. 생각과 감정과 행동 이 셋을 응용하면 당신은 무슨 일이라도 할 수 있다.

예를 들면 어떤 사람에 대해서 미움을 느낄 때 그 사람에 대해서 사랑으로 행동하고, 사랑으로 느끼고, 사랑으로 생각하면 당신은 틀림없이 과거에 미워하던 원수를 다정한 친구처럼 사랑하게 된다.

또 어떤 사람을 용감한 사람으로 만들기 위해서 용감한 생각·느낌·행동을 하게 하면 그 사람은 자신도 모르는 사이에 용감한 사람이 된다. 따라서 우리는 우리의 생각, 감정, 행동을 계발해서 적극적인 사고와 행동을 할 수 있도록 해야 한다.

사람다운 사람이 되려면 나쁜 생각, 나쁜 감정, 나쁜 행동을 버리고 좋은 생각, 좋은 감정, 좋은 행동을 가져라. 왜냐하면 생각·감정·행동은 곧 그 사람의 인격이기 때문이다.

5
자기 자신을 알자

남을 욕하는 자는 자기를 욕하는 자이며,
남을 칭찬하는 자는 자기를 칭찬하는 자다

거울 앞에 서서 웃으면 거울 속의 자신도 웃는다. 거울 앞에 서서 울면 거울 속의 사람도 운다. 인생 원리도 거울의 원리와 똑같다. 세상을 변화시키는 것보다 자신의 자세와 행동을 변화시키는 것이 더 쉽다.

옛날 어느 마을에 자신만의 생활 철학을 가지고 사는 노인이 있었는데, 어느 날 새로 이사온 두 사람으로부터 각각 다른 질문을 받게 되었다. 먼저 이사온 사람이 노인에게 이렇게 물었다.

"이 마을에는 어떤 사람들이 살고 있습니까?"

이 질문에 대해서 노인은 조심스럽게 이렇게 되물었다.

"좋소, 그럼 당신이 이사오기 전에 살았던 마을에는 어떤 사람들이 살고 있었습니까?"

"예, 참 좋은 사람들이었습니다. 모두 친절하고 다정한 사람들이었습니다. 나는 평생 그렇게 좋은 사람들은 처음 보았습니다."

"그렇다면 당신은 이 마을에서도 역시 똑같이 참 좋은 사람들을 만나게 될 것입니다."

노인은 대답했다.

후에 이사온 사람도 노인에게 똑같은 질문을 했다.

"이 마을에는 어떤 사람들이 살고 있습니까?"

그러자 노인은 후에 이사온 사람에게도 똑같은 질문을 했다.

"좋소, 그럼 당신이 이사오기 전에 살았던 마을에는 어떤 사람들이 살고 있었습니까?"

"예, 참 나쁜 사람들이었습니다. 내 평생 그렇게 서로 다투는 사람들은 처음 보았습니다. 마을 사람들은 서로 욕하고 험담하며 싸우고 아귀다툼만 하지 사이좋게 지내는 사람들은 하나도 없었습니다."

그때 노인은 후에 이사온 사람에게도 똑같이 대답을 하였다.

"그렇다면 당신은 이 마을에서도 역시 똑같이 참 나쁜 사람들을 만나게 될 것입니다."

세상 어디로 이사가도 사람들은 똑같다. 그러나 문제는 사람들에 대한 우리의 자세가 적극적인 자세인지 혹은 소극적인 자세인지가 중요하다. 사람들의 자세와 행동을 바르게 고치려면 먼저 우리의 자세와 행동부터 바르게 고쳐야 할 것이다.

6

휴식에도 기술이 필요하다

휴식은 에너지를 저장하는 데 도움이 되므로
보다 나은 일을 할 수 있다

신체가 긴장하고 있을 때보다는 휴식 상태에 있을 때 사고하기가 훨씬 더 자유로운데, 이는 정신이 사고력을 보다 용이하게 흡수하기 때문이다.

그렇기 때문에 다음 몇 페이지에 서술되어 있는 내용에 될 수 있는 한 주의를 기울일 것과 앞으로 새로운 장에 들어가기 전에는 가능한 한 휴식을 취하도록 권하고 싶다. 그렇게 하면 당신은 이 책을 읽는 일이 보다 즐거울 것이며 또 보다 많은 것을 마음속에 넣고 행동하는 데 자신감이 생길 것이다.

휴식의 효과

휴식도 하나의 기술이다. 휴식의 가치를 알고 있는 사람은 많으나 자기 뜻대로 완전히 휴식할 수 있는 사람은 좀처럼 드물다.

먼저 다음의 사실을 명심해야 한다. '육체는 긴장하고 있을 때 에너지를 소모하지만, 휴식하고 있을 때에는 에너지를 회복한다.' 물론 우리들의 일이 대부분은 그 일을 할 때 에너지를 소모하지 않으면 안 된다. 그러므로 우리들의 신체 안에 있는 실험실에서는 항상 우리가 먹는 음식물의 대부분을 에너지로 바꾸고 있다.

그러나 일하고 있을 때 긴장하고 있으면 공급하고 있는 것보다 빠른 속도로 에너지가 소모된다. 이것은 우리가 저장하고 있는 에너지를 끌어내고 있음을 뜻한다. 만일 우리가 바른 생활을 하고 취해야 할 휴식을 충분히 취하고 있으면 다음 휴식시간까지 유지할 만한 충분한 양의 에너지를 저장하게 될 것이다.

그러나 만일 우리가 취해야 할 휴식을 필요한 만큼 충분히 취하지 않으면 하루의 일과가 끝나기도 전에 피로 때문에 지치기 시작할 것이다. 이에 대처할 수 있는 휴식 방법을 바르게 배운 사람들은 노동을 한 뒤에도 기력이 왕성할 것이다. 앉아 있다든가 드러누워 있는 것을 반드시 휴식으로 생각할 수 없다. 의자에 앉아 있거나 침대에 누워 있다 할지라도 일하고 있을 때처럼 긴장하는 수도 있다. 물론 양쪽 모두 에너지를 저장하는 것이 아니라 소모하고 있는 것이다.

휴식을 위한 기본적 사고방식

휴식할 줄 아는 사람이 극히 드물다고 말했는데, 그것을 배우기가 어렵다는 뜻은 아니다. 음악의 기초를 배우는 건 어렵지 않지만 음악가가 되는 것은 어렵다. 음악가는 하루아침에 이루어지는 것이 아니고 훈련을 거듭한 결과 이루어지기 때문이다.

이 장에서 나는 휴식하는 방법을 제시하려고 생각하는데, 연습에 의하여 자동적으로 휴식하는 습관이 들 때까지는 이 지식이 실제로 도움이 되기는 어려울 것이다. 휴식하는 방법에 대한 기본이 되는 사고방식은 다음과 같다.

인간이란 정신에 육체가 종속되어 있는 것이지 육체에 정신이 종속되어 있는 것은 아니다. 집을 가지고 있는 사람이라는 말은 들을 수 있어도 사람을 가지고 있는 집이라는 말을 들을 수 없듯이, 우리는 육체가 정신의 종속물임을 안다면 정신은 주인이고 육체는 심부름꾼이라는 사실을 이해할 수 있을 것이다.

휴식에 대하여 좀더 생각한다면 우리는 또 다음과 같이 결론지을 수도 있다. 휴식은 생리적인 동시에 심리적인 것이라고.

휴식에 대한 실험

당신이 지금 곧 해주기 바라는 실험이 있다. 이 책을 읽기 전에 여유 있게 의자에 앉아서 5분 동안만 휴식하도록 노력하라. 그럼 책을 옆에 덮어두고 휴식을 시도해보라.

이제 5분 동안 쉬었는가? 어떤가? 기분이 좋아졌는가?

아마 당신은 전보다 별로 좋아졌다고 말하지 않을 것이다. 사람에 따라서는 오히려 조금 나빠졌다고 말하는 사람도 있을지 모른다. 당신은 그것이 왜 그러는지 알고 있는가? 당신은 휴식하려고 하였기 때문에 휴식할 수 없었던 것이다. 무슨 말이냐 하면 당신은 자기를 휴식시키는 데 의지의 힘을 사용했다는 뜻이다. 휴식하게 하는 대신 전보다 쓸데없이 긴장만 시켰던 것이다. 지금에 와서야 알게 되었듯이 긴장하고 있는 동안 당신은 에너지 소모만 하고 있었던 것이다. 즉 휴식하려던 5분 동안 조금도 쉬지 않고 있었던 것이다. 이것은 곧 이해할 수 있을 것이다. 이것으로나마 당신은 휴식에 관하여 다소 배울 수 있었을 것이다.

특히 휴식에 관한 한 의지의 힘은 거의 도움이 되지 못한다는 사실도 배웠다. 의지의 힘을 이용하는 것은 힘을 쓰는 것과 같다. 당신의 육체는 당신의 심부름꾼이므로 힘을 쓰지 않고도 기꺼이 당신에게 봉사하려고 기다리고 있는데 말이다.

여기 또 하나의 실험이 있다. 당신의 오른팔을 내밀고 몇 차례 그 손을 오므렸다 폈다 해보라. 그리고 동시에 손가락을 흔들흔들 해보라. 한 번 내지 두 번 팔을 위아래로 올렸다 내렸다 해보라.

이와 같이 하는데 조금도 거북함을 느끼지 않을 것이다. 당신은 어떻게 하여 이와 같은 운동을 하는 것일까? 의지의 힘을 이용해선가? 그렇지 않다. 당신은 신념에 뒷받침된 욕망으로 그렇게 할 수 있었다. 할 수 있다는 신념이, 뒷받침된 손과 발을 움직이고 싶다는 욕망이 그것을 가능하게 한 것이다.

의지의 힘을 쓸 필요가 없었다. 왜냐하면 당신은 손과 팔의 운동을 조절할 수 있다는 것을 알고 있었으며, 손과 팔은 우리들의 정신의 욕망에 답할 줄도 알고 있었기 때문이다.

만일 당신이 단순히 생각을 표현하는 것으로 신체의 여러 부분의 운동을 조절할 수 있었다면 당신의 신체의 근육도 마음의 욕망에 답하여 휴식할 것으로 생각하는 것은 당연한 논리가 아니겠는가?

조만간 당신도 앉는 순간에 자동적으로 휴식하는 상태에 이를 수 있을 것이다. 그러나 그 상태에 이르기까지는 내가 이 장에서 제시하는 간단한 방법에 의하여 휴식의 의식을 익혀가는 것이 필요하다.

아마 당신은 '선잠'이라는 말을 들은 적이 있을 것이다. 그리고 또 고양이가 얼마나 빨리 잠들고 겨우 몇 분 동안 잠자는 것만으로도 완전히 기력을 회복하는 것을 본 일도 있을 것이다.

왜 그런지 그 이유를 알고 있는가? 고양이는 눕는 순간부터 코끝에서 꼬리까지 완전히 휴식한다. 완전한 휴식은 잠자는 데 대단히 도움이 된다. 그리고 완전히 휴식한 짧은 잠은 육체가 긴장하고 있는 동안의 훨씬 긴 시간보다도 기력을 회복하는 데 더 도움이 되는 것이다.

다음에 서술하는 것은 휴식을 위한 방법인데 적어도 하루 한 번할 수 있으면 활동하는 데 큰 도움이 된다.

먼저 자신을 편안하게 한다. 침대에 누워도 좋고 의자에 앉아도 좋다. 다음에 어떤 일이 되었든 의지의 힘을 빌리지 않고 신체의 모든 부분에 쉬게 하는 생각을 보내기 시작한다. 그리고 조금 전에 당신의 손과 팔이 한 것처럼 당신의 근육이 거기에 답하고 있다고 생각한다.

왼발부터 시작하여 발가락에 대하여 생각하고 그것이 휴식한다고 생각하면서 휴식할 것을 암시한다. 그 다음은 발목, 종아리, 무릎 그리고 계속하여 오른발, 음부, 몸통까지 같은 생각을 암시한다.

또 손가락으로부터 시작하여 손, 손목, 팔꿈치, 어깨까지 올라가서 몸에 이르기까지 계속한다. 다음에는 머리, 얼굴 그리고 목을 쉬게 한다. 실제로 각 부분을 향하여 이렇게 말한다. "목구멍 쉬어라, 발목 쉬어라, 턱도 쉬어라, 목도 쉬어라."

자, 이번에는 몸통을 쉬게 한다. 가슴으로부터 시작하여 장으로 거슬러 내려간다. 처음에는 몸 전체에 미치려면 3분에서 5분까지 걸릴 것이다. 그러나 이 순서를 몇 차례 하고 보면 무엇이든 완전히 쉬게 되어 몸은 어디로 갔는지도 모르게 생각되는 때가 다가올 것이다. 지금부터 곧 휴식하는 일을 염두에 두도록 한다. 앉았을 때는 언제든지 자기는 휴식하고 있는지 어떤지를 시험해 본다.

만일 당신의 손이나 손가락이 움직이고 있는 듯하면, 그것은 아직 휴식하고 있지 않은 것이다. 만일 다리나 발이 움직이고 있다면 그것은 아직 쉬고 있지 않다는 의미다. 당신의 몸의 여러 부분에 말해보라. 그들은 모두 당신의 소유물이므로 당신의 말을 잘 들을 것이다. 만일 당신의 마음이 휴식하고 있다면 억지로 휴식하려 하지 않아도 어느 때라도 휴식에 이를 수 있다. 버스나 전철 안에서도 휴식할 수 있다.

일단 휴식의 기술을 터득하면 더 이상 피로하지 않고 더 많은 일을 할 수 있음을 알게 될 것이다. 그뿐 아니라 당신의 작업에 이전보다도 훨씬 많은 기쁨을 발견할 수가 있다는 것을 알게 된다.

'휴식의 심리적 측면'

많은 사람들이 '나는 휴식할 수가 없다'고 항상 말한다. 이와 같이 말하는 것 혹은 이와 같이 생각하는 것조차도 그 결과로써 당신의 몸 안에 긴장 상태를 만들어내도록 마음에 명령하는 것이 된다.

앞으로는 훈련의 순서를 따르면서 다음과 같은 생각을 갖는, 바른 마음가짐을 갖도록 하지 않으면 안 된다.

'나는 완전히 휴식하고 있다' 또는 '나는 나의 육체를 완전히 조절하고 있다. 내가 마음 편히 하고 있을 때 내 몸은 휴식한다.'

우리는 육체적인 휴식과 동시에 심리적으로도 휴식이 필요하다. 사실 정신적으로 쉬지 않는다면 육체적으로 쉰다는 것은 불가능하다.

만일 휴식의 연습을 할 때 마음속에 어떤 문제를 안고 있다면 그 동안만은 당신의 걱정을 잠깐 접어두고 뒤에 처리하도록 하지 않으면 안 된다. 여기에 재미있는 점이 있는데 당신이 휴식을 끝내고 그 문제에 다시 직면했을 때 그것들은 전과 같이 그렇게 크게 보이진 않을 것이다. 당신이 휴식하고 있는 동안에 당신의 시야와 판단력 그리고 문제에 대해 두려움 없이 대항하는 예리한 능력을 갖추게 되었기 때문이다.

휴식에 의한 숙면

"나는 밤새도록 잠은 잘 잡니다만, 아침에 일어나면 언제나 피로합니다."

이와 같은 말을 들은 일이 있을 것이다. 가령 휴식하지 않고도 잠을 잘 수 있다고 인정한다고 하자. 그러나 당신이 밤새도록 긴장하고 있으면 에너지를 저장할 수 없기 때문에 그 결과 아침에 일어날 때에도 잠자리에 들 때와 거의 다름없이 피로하게 된다. 일찍이 잠들고 편히 자며 상쾌한 기분으로 일어날 수 있도록 간단한 규칙을 다음과 같이 제시한다.

■ 잠자려고 의지의 힘을 빌려서는 안 된다. 잠자려고 하면 할수록 더욱 눈이 뚜렷해진다. 잠자리에 들 때 옷을 벗고 푹신한

침대에서 잔다는 것을 기분 좋게 받아들여 생각하라. 그리고 잠들 수 없다는 데는 관심을 두지 마라. 잠자는 것에 대해 전혀 염두에 두지 말아야 한다. 당신은 마음 편히 쉬고 있다.

■ 하루의 걱정거리를 마음으로부터 모두 제거해 버려라. 침대에 있는 동안은 어떠한 잡념도 문제도 해결될 수 없으므로 잠자는 동안은 모든 것을 잊어버려야 한다.

■ 발가락으로부터 시작하여 몸 전체에 이르기까지 휴식의 순서대로 해본다. 그러나 당신은 발가락부터 몸 전체까지 다하기도 전에 곤히 잠들 것이다. 편안한 휴식의 잠을 잔 이튿날 아침에는 넘치는 에너지로 잠이 깨는 것을 깨달을 것이다. 그리고 하루 일과를 순조롭게 시작하면 그 마무리도 역시 좋은 법이다.

❝휴식으로 젊음을 유지한다❞

휴식을 배우는 데 있어 얼굴의 근육도 잊어서는 안 된다. 얼굴에 있는 여러 가지 불유쾌한 표정의 대부분은 긴장에 의하여 형성된 것이다. 양미간에 있는 세로로 찌푸린 주름은 생각하거나 일하고 있는 동안 안 좋은 일로 이마에 형성된 것이다. 눈꼬리의 주름은 곁눈으로 볼 때 생긴다. 입 언저리에 잡혀지는 깊은 주름은 노하거나 헝클어진 상태에서 온다.

웃음을 띤 얼굴은 휴식하는 얼굴이다. 미소 띤 얼굴이 그 사람의 인품을 얼마나 돋보이게 하는가는 당신도 아마 알 것이다. 그러므로 미소는 당신의 아름다움을 더해주는 효과도 있다. 휴식의 연습을 하고 있는 동안 얼굴에 미소를 짓는 일을 잊어서는 안 된다.

휴식하는 동안의 식사

식사하기에 적당한 시간은 완전히 휴식하고 있을 때다. 식사시간이 되어도 정신적으로 긴장을 풀지 못하고 있다면 식사를 하지 않는 편이 좋다. 마음과 몸이 긴장하고 있을 때 먹는 것보다는 몇 시간 동안 먹지 않는 편이 효과적이다.

즐겁지 못하고 그래서 언제나 불쾌한 사람은 병을 이기지 못해 쉬 걸린다는 사실은 일반적인 상식으로 널리 인정되고 있는 터이다. 왜 그러는 것일까? 불쾌한 사람은 어떤 일에 대해서도 또 누구에 대해서도 마음에 들지 않는 법인데, 이와 같은 상태에서는 식사를 한다 해도 소화가 잘 안 되는 법이다. 그 결과로 소화불량에서 기인하는 여러 가지 병에 걸리기 쉽다. 어떤 사람이 소화불량, 변비, 두통 등으로 언제나 괴로워하고 있었다. 그의 약상자에는 언제나 별의별 종류의 약이 가득 차 있었다. 의학상의 치료로는 이 남자를 구하는 것이 거의 불가능해 보였다.

이 사례를 연구하는 어느 심리학자는 그가 식사하는 동안 언제나 불만으로 가득 차 있는 폭군형의 남자임을 발견했다. 그의 부인은 휴가 동안 그의 친구에게 식사하는 동안 그를 좀 즐겁게 해줄 것을 부탁하여 실행에 옮겼다. 이렇게 하여 2주일 동안 그를 부드러운 분위기 속에 식사할 수 있도록 해주었기 때문에 그의 소화불량은 2주 만에 완전히 치유되었다.

❛ 휴식의 이점 ❜

언제나 휴식할 수 있는 능력을 갖추게 되면 여러 가지 이점을 얻게 될 것이다. 그 몇몇을 살펴보면,

- 즐겁게 생각하게 된다. 몸과 마음이 휴식하고 있으면 생각이 훨씬 즐거워진다.

- 보다 좋은 생각이 떠오르게 된다. 휴식에 든 마음은 조절할 수 있는 상태가 됨으로써 보다 좋은 생각이 떠오를 가능성이 높다.

- 보다 많은 에너지가 끊임없이 솟아난다. 휴식은 에너지를 저장하는 데 도움이 되므로 보다 많이 일하고 보다 적은 피로로

끝마칠 수 있게 된다.

- 보다 좋은 기분을 유지할 수 있다. 긴장은 신경질의 원인이 되기도 한다.

3장

용기는
역사를
바꾼다

1
사명의 자각

사명을 갖는 자는 인생의 백 리 길을 가려는 자요,
그렇지 못한 자는 십 리 길을 가려는 자다

우리는 청천백일과 같은 광명정대한 마음으로 인생을 살아야
한다.

광명정대란 무엇인가? 빛나고, 밝고, 바르고, 큰 것이다. 그것이
사명적 인간의 정신자세다.

인생을 정말 보람 있게 살려면 사명적 인간이 되어야 한다. 그러
면 사명이란 무엇인가?

사명의 사(使)자는 심부름할 사자이고, 명(命)자는 목숨 명자이
다. 나는 심부름 받고 태어났다고 느끼는 것을 사명감이라고 한다.
심부름을 갖고 태어난 존재를 사명적 존재라고 한다. 그러한 인생
관을 사명적 또는 사명주의적 인생관이라고 한다.

인간은 사명적 존재다.

우리는 사명주의적 인생관을 가지고 살아야 한다.

사명을 영어로 'mission'이라고 한다. 이 말은 라틴어 'missio'에서 유래한다. 'missio'는 보낸다는 뜻이다. 인간은 어떤 직분과 책임을 다하기 위하여 이 세상에 보내진 존재다.

사명감은 우리를 위대하게 만든다. 사명감이 우리를 성실하고, 용감하고, 부지런하고, 진지하게 만든다. 인간은 마음속에 사명감을 느낄 때 생각하는 것이 달라지고, 말하는 것이 달라지고, 움직이는 것이 달라진다.

사명은 어떤 구조를 갖는가. 사명은 심부름을 받은 목숨이란 뜻이 있다. 심부름에는 심부름을 보낸 주체가 있고 심부름의 목적과 내용이 있기 마련이다.

누가 나를 21세기의 한국의 심부름꾼으로 보냈는가? 그 사람의 신앙에 따라서 대답이 다를 것이다.

기독교인은 하느님이 나를 지금 여기에 보냈다고 생각한다. 불교도는 부처님이 보냈다고 생각한다. 어떤 이는 하늘이 보냈다고 생각한다. 또 역사와 민족이 나를 여기에 보냈다고 생각한다. 대우주가 또는 인류가 나를 보냈다고 생각한다.

그것은 아무렇게나 생각해도 좋다. 무엇인가 위대한 존재가 나의 직분과 책임을 다하라고 나를 지금 이곳에 보냈다고 느끼는 것이 사명감이다.

우리는 그 존재에게 심부름을 받은 생명이다. 그 심부름의 내용과 목적은 각자의 처지와 형편에 따라서 다르다.

한국사회를 개조하라고, 자기가 살고 있는 고장을 아름답게 하라고, 학문을 깊이 연구하라고, 위대한 예술을 창조하라고, 청년들의 교육자가 되라고, 훌륭한 사업을 하라고, 호국의 용사가 되라고 우리를 이곳에 보낸 것이다.

사명감을 가질 때 사명적 자아가 탄생된다.

사명을 갖는 자는 인생의 백 리 길을 가려는 자요, 사명을 못 갖는 자는 인생의 십 리 길을 가려는 자다. 백 리 길을 가려는 자와 십 리 길을 가려는 자는 기본 자세가 다르다.

백 리 길을 가려는 자는 걸음걸이에 강한 의지가 있고 굳센 신념이 있다. 그러나 십 리 길을 가려는 자는 그러한 의지와 신념이 없다.

『잠 못 이루는 밤을 위하여』의 저자 스위스의 사상가 칼 힐티는 이렇게 말했다.

"인간 생애의 최고의 날은 자기 인생의 사명을 자각하는 날이다."

당신 인생의 최고의 날은 언제인가? 어떤 이는 결혼한 날을 들고, 어떤 이는 첫 아들 낳은 날을 든다. 또 어떤 이는 고시에 합격한 날을 들고, 어떤 이는 천만금을 모은 날을 든다.

"사명을 갖는 자는 그것을 실현할 때까지는 결코 죽지 않는다." 고 아프리카 탐험의 대업을 성취한 리빙스턴은 말했다.

사명을 갖는 자는 집념이 있고 열의가 있다. 그것을 꼭 이루고야 말겠다는 강한 의지와 신명이 있다. 내가 이것을 이루기 전에는 절대로 죽을수 없다는 흔들리지 않는 목적의식이 있는 것이다.

위대한 인물들의 생애를 보라. 무엇이 그들로 하여금 대업을 성취케 했는가? 그들이 큰 업적을 남긴 비결은 무엇인가? 그들은 생애의 어느 시기에 어떤 결정적 기회에 인생의 확고한 사명을 자각했다. 사명을 자각하는 계기는 사람마다 다르다.

어떤 이는 위대한 책을 읽고, 어떤 이는 위인의 말씀을 듣고, 역사의 결정적 사건을 보고, 생활의 절실한 체험을 하고, 깊은 사색이나 계시를 통해서 사명을 자각할 것이다.

링컨은 19세 때 뉴올리언스의 노예 매매 시장에서 노예들이 백인에 의해 매매되는 처참한 비극을 보고 이렇게 외쳤다.

"언젠가 때가 오면 저놈의 제도를 힘껏 때려 부수겠다."

이 충격과 의분과 결심이 링컨으로 하여금 후일 노예해방의 대업을 성취케 했던 것이다. 그의 가슴속에 깊이 맺힌 큰 사명감이 바로 그것을 가능하게 했던 것이다.

열여섯 살의 소년 도산 안창호는 평양에서 청일전쟁의 비극을 보고 왜 우리나라가 청일전쟁의 비극적인 전쟁터가 되었는가를 생각하게 되었다.

'그것은 민족의 힘이 약하기 때문이고, 이름만 독립국가요, 독립국가를 지탱할 만한 힘이 없기 때문이다. 나라에 힘이 없다면 나라의 힘을 기르는 수밖에 없다. 민족의 힘을 기르자.'

이러한 충격과 자각이 도산으로 하여금 1913년 민족의 자력갱생 운동과 민족의 자강부흥운동을 위한 흥사단을 조직하게 한 것이다. 16세의 어린 시절에 평양에서 목격한 청일전쟁의 비극이 그로 하여금 구국운동의 대 지도자가 되게 했다.

　사명에 눈을 뜨는 것처럼 놀라운 일이 없다. 사명의 자각은 인간을 새 사람으로 만든다.

　사명감, 그것은 위대한 힘의 원천이다. 놀라운 대열의 비결이고, 강력한 인생의 창조적 계기다. 낡은 사람을 새 사람으로 만드는 인간 혁명의 결정적 요소요, 거듭나는 길이요, 기사회생하는 길이다.

　자기의 사명을 자각하자.

2
결단의 힘

결단을 신속, 명확하게 할 수 있는 사람은
목표가 뚜렷한 사람이다

결단을 신속하고 명확하게 할 수 있는 사람은 자기가 바라는 것이 무엇인가를 분명히 알고 있음에 틀림없다. 인생에 있어서 앞장을 서는 사람은 신속하고 확고한 결단을 내려야 한다.

이 세상은 언제나 자기가 나갈 바를 알고 행동하는 사람에게 그 기회를 만들어주는 법이다.

현대 교육제도의 최대 결함은 확고한 결단을 내리는 방법을 가르치지 않는 점이다. 따라서 우유부단한 삶에 습관이 된 학생들은 직업 선택에 있어서도 주저하고 망설인다.

현재 샐러리맨으로 생활을 하고 있는 사람들 대다수는 처음과 다름없는 보잘것없는 지위에 머물러 있는 경우가 많은데, 그것은 뚜렷한 목표와 명확한 계획이 없었기 때문이며, 동시에 경영자에 대한 뚜렷한 의식이 없기 때문이다.

결단력의 부족은 실패의 주요 원인이다.

누구나 다 다른 의견을 가지고 있지만 끝내 세계를 움직이는 것은 자기 자신의 의견이 될 것이다.

결심은 거대한 힘을 발휘한다.

자유를 위한 커다란 욕망이 자유를 낳는다. 부를 향한 위대한 욕망이 부를 가져다준다. 유능한 사람은 모두 그의 능력의 범위 안에서 결단력을 발휘하고 있는 것이다.

3
자기 자신이 바로 왕이다

젊은 시절에 자존심을 내세워
자기 계획을 실현하지 못하는 것은 어리석은 일이다

    인간은 누구나 자기 마음속에서는 자신이 왕이다. 당신은 당신의 사고에 대한 반응을 지배하는 그 주인이다. 당신은 이제 자기가 바라는 대로 사고에 대하여 명령을 내릴 수 있으며, 그것이 어떤 것이든 당신이 선택한 욕구에 그들의 주의력을 집중하게 할 수 있다.

    당신의 사고에는 감정이 따르게 마련이다. 당신은 자기 사념의 왕국에서 왕이며 군주이다. 당신은 자기 왕국(당신의 마음)으로 공포, 회의, 근심, 불안, 비난 그리고 증오심과 같은 반갑지 않은 방문자가 찾아오는 것을 단호하게 거부할 수 있다.

    당신은 왕이다. 따라서 모든 신하에게 명령을 내릴 수가 있다. 당신은 마음의 왕국에서 당신으로 하여금 불안하게 하는 모든 적을 죽이고 파괴하고 그리고 쫓아낼 수 있는 힘을 갖추고 있는 절대의 군주이므로 그들은 당신에게 추종할 수밖에 없다. 당신은 그것을 명확한 판단과 정당한 사고로써 물리치면 된다. 또한 당신이 맞아들이는 기분이나 그 감정의 선택도 스스로 결정할 수 있다.

누군가가 당신을 중상하거나 비난한다 하더라도 당신은 왕이므로 당신 자신에게 정신적인 동의를 얻어 그들을 허가하지 않는 이상, 아무도 당신에게 상처를 줄 수 없다.

허가를 내리기를 거부하라. 부정적인 사고가 당신을 개방하도록 허가해서는 안 된다. 절대로 거부해야 한다. 그리고 다음과 같이 당신 자신에게 말하도록 하라.

"나는 왕도를 걷고 있는 임금이다. 나는 그 어떤 일에도 동요됨이 없으며 또한 교란됨이 없다. 나 자신의 사고와 마음의 동의를 받은 것 외에는 그 어떤 것도 나에게 영향을 미칠 수 없다. 나는 하느님과 부처님의 진리에 대해서만 충성을 다할 것을 서약한다."

4
꿈을 좇는 젊은이가 되라

젊음이란 박테리아 같은 것이다. 어떠한 경우에 직면해도
그것은 곧 세포분열을 일으켜 새로운 활력이 몸에서 솟아나게 한다

'피끓는 젊은이라면 재산도 지위도 없는 무에서 출발하라. 망설
이지 말고 해보고 싶은 일은 무엇이나 우선 하고 볼 일이다. 그리고
자존심을 버려라!'

대개 꿈 많은 젊은이들은 상상만으로 꿈을 좇고 있다. 그러나 진
정한 자기의 꿈을 실현하기 위해서는 젊은 육체가 필요한 것이다.

요컨대, 젊은이라면 머리로 생각하고 육체로 느끼고 이것을 기
초로 하여 자기 계획의 청사진을 만들어야 할 것이 아닌가. 그러나
이 경우에 자기의 허영이나 주의를 앞세운다면 그의 모든 계획은
그것으로 끝장인 것이다. 좀 지나친 표현일지는 모르지만 한창 성
장과정에 있는 젊은 시절에는 자존심 따위는 헌신짝처럼 내버려도

좋다. 아직 사회생활에 익숙하지 못한 젊은이가 자존심 따위에 얽매여 성장하지 못한다면 20년이나 30년 뒤의 그의 모습은 불을 보듯 뻔할 것이다.

아무리 심한 시련이 앞을 가로막을지라도, 젊은이에게는 그것을 무찌르고 돌진할 만한 에너지가 있다. 설사 짓밟혔다 할지라도 다시 그것을 뒤엎을 수 있는 것이 젊음의 특권인 것이다.

젊음이란 마치 박테리아와 같다. 어떤 처참한 경우를 당할지라도 그것은 곧 세포분열을 일으켜 새로운 활력이 몸에서 솟아나게 한다.

다시 말하면 젊음이란 박테리아와 같이 질기게 세상을 살아가는 생명력이 있다. 자존심을 버리고 마치 박테리아와 같이 악착같이 살아간다는 것은 아주 현명한 일이다.

다만 필요한 것은 언제 어디서 무엇을 하든지 자기 자신을 엄격하게 비판하는 객관성을 지녀야 한다는 것이다.

자존심을 버리라는 것은 단순히 무질서하게 아무렇게나 행동하라는 것이 결코 아니다. 그 행동 가운데 책임을 동반한 자기 주장을 가지라는 뜻이다. 이것을 잘못 이해하면 무질서하고 무절제하고 방탕한 생활이 되고 만다.

결국 자존심을 버리라는 말은 다른 의미로 또 하나의 자존심을 가지라는 뜻이다.

5
진정한 자아를 찾아라

불가능하다고 생각하지 말라
계속 일하고 노력하라

자기가 병아리라고 착각하고 있던 독수리에 관한 얘기를 들어본 적이 있는가?

어느 날 모험심이 강한 한 소년이 자기 아버지의 닭장 근처에 있는 산속에 들어가 큰 나무 위에서 독수리의 알을 가져다가 암탉 우리에 달걀과 같이 두었다.

암탉은 그것을 품었고 병아리와 함께 독수리도 알에서 깨어나게 되었다. 독수리는 병아리들과 살면서 자기가 독수리인 줄을 모르고 있었다. 왜냐하면 한동안 병아리들과 같이 사는 것에 만족했기 때문이다.

그러나 날이 가면 갈수록 마음속에 이상한 욕망이 발동하기 시작했다. 종종 이렇게 생각했다.

'나는 병아리 이상의 그 무엇이 될 수 있다.'

그러던 어느 날 날쌘 독수리 한 마리가 닭장 위를 날고 있었다. 닭장 속에 있던 독수리는 날개에 이상한 힘이 발동하는 것을 느꼈다. 심장이 강하게 뛰기 시작했다. 공중에 날고 있던 독수리를 보자 이런 생각을 했다.

'나도 저 독수리처럼 날 수가 있다. 닭장은 나의 집이 아니다. 나는 하늘을 날면서 살아야 하고 산속에서 살아야 한다.'

그러나 날아본 경험이 없었다. 하지만 힘과 본능이 용솟음쳤다. 드디어 독수리는 날개를 움직여 저쪽 산으로 날아갔다. 점차 독수리는 깊은 산속까지 날아가게 되었다. 자기 자신의 정체를 발견했던 것이다.

세상에 당신과 똑같은 사람은 하나도 없다는 사실을 명심하라. 어디가 달라도 다른 것이다. 당신도 참 자아의 정체를 찾아내야 한다. 그래야 당신도 할 수 있다는 자신감을 갖게 된다. 당신은 닭장 속에 있던 독수리처럼 현실에 만족하고 있는가? 아니면 좀더 높은 목표를 가지고 좀더 높은 차원에서 살려고 행동하는가?

어떤 사람은 이렇게 말할지도 모른다.

"뭐 그것은 단지 비유에 불과한 것이다. 어쨌든 나는 독수리도 병아리도 아니다. 나는 인간이다. 나는 평범한 인간이다. 나는 더 이상 바라지 않는다."

바로 그것이 문제다. 절대로 보다 나은 인간이 되려고 힘쓰지 않는 것이 문제다. 우리는 자신이 생각한 그대로의 사람이 되기 마련이다.

할 수 없다고 생각하지 말라. 세상에서 가치 있는 일들은 모두 할 수 있다고 생각한 자들이 성취해놓은 것이다. 그들은 어떤 역경에도 굴하지 않고 앞으로 매진했던 것이다.

할 수 없다고 절대로 말하지 말라. 불가능하다고 말하지 말라. 할 수 있다고 말하라. 우선 할 수 있다고 생각하라. 그리고 계속 일하고 노력하라.

그러면 당신은 당신도 할 수 있다는 사실을 깨닫게 될 것이다. 병아리와 독수리의 이야기를 명심하라. 독수리처럼 자기 자신의 정체를 알아라. 아마 당신은 내가 '할 수 있다고 생각하면 할 수 있다'는 말을 너무 많이 강조한다고 생각할지 모르겠다.

그러나 내 경험으로 비추어 봐서 강렬한 자극을 받지 못하고 자신감이 부족한 자는 항상 불가능하다는 핑계만 대기 때문에 패배자가 된다는 것을 알게 되었다.

할 수 있다고 생각하면 할 수 있다는 원리는 아무리 어려운 상황에 처한다고 해도 돌파구를 마련해주는 진리다.

6

피와 눈물과 땀의 가치

피의 용기와 눈물진 정성과 땀의 노력만 있으면
번영과 행복이 찾아온다

피와 눈물과 땀은 인생의 세 가지 고귀한 액체다. 인간의 모든 위대한 사업은 피와 눈물과 땀의 산물이다. 피를 흘리지 않고 위업이 이루어진 예는 없다. 눈물을 흘리지 않고 값진 일이 성취된 적이 없다. 땀을 흘리지 않고 대업이 실현된 일이 없다.

우리는 피를 사랑하고, 눈물을 사랑하고, 땀을 사랑할 줄 알아야 한다. 피는 용기의 상징이요, 눈물은 정성의 상징이요, 땀은 노력의 표상이다.

피와 눈물과 땀 중에서 가장 색이 짙은 것은 피다. 피는 눈물보다도 짙고 땀보다도 짙다는 것은 그만큼 강하다는 것이다. 무섭고 힘이 있다는 것이다.

피는 땀보다도 뜨겁고 눈물보다도 뜨겁다. 동맥에서 솟구치는 붉은 피는 문자 그대로 피의 열기다. 뜨겁다는 것은 바로 용기와 열정을 의미한다. 피는 생명력의 가장 열렬한 표현이다. 인간의 가장 위대한 일은 피로써 이루어졌다. 자유는 피를 먹고 자랐다. 정의는 피의 산물이다. 독립과 혁명도 피의 뜨거운 투쟁으로 쟁취된다. 평화도 피의 대가다.

2차 세계대전 당시 처칠은 전시 내각을 조직하고 국회에서 유명한 연설을 했다.

"내가 바칠 수 있는 것은 피와 노고와 눈물과 땀 밖에 없다."

우리가 이런 각오로 일을 한다면 세상에 안 될 일이 없고, 피를 흘릴 용기와 결심만 갖는다면 세상에 무서울 것이 하나도 없다.

피는 신비이고, 생명의 원천이다. 우리 몸에 피가 마르면 죽고 만다. 우리의 손이나 발에 피가 돌지 않으면 손발의 기능이 마비된다.

핏속에 있는 숱한 적혈구는 맑은 산소와 영양소를 온몸에 공급한다. 백혈구는 우리 몸에 생명을 위협하는 독균이 침입하면 그 독균을 포위하고 독균과 싸운다. 적혈구의 신선한 영양 공급과 백혈구의 병균과의 투쟁이 없다면 우리 몸은 죽고 만다.

죽어 가는 환자에게 신선한 피를 공급하면 새 생명을 얻고 새로운 활력을 얻는다. 우리는 눈물나는 노력을 한다고 말한다. 또 열성껏 일할 때 피땀을 흘린다고 한다. 지극한 정성을 우리는 혈성(血誠)이라고 한다. 피는 그만큼 강하고 뜨겁고 무서운 것이다.

"모든 책 중에서 나는 피로 쓴 책만을 사랑한다. 피로써 써라. 그러면 피가 곧 정신인 것을 알 것이다."

철학자 니체의 말이다.

피로 쓴 책에는 사람을 움직이는 호소력이 있고, 감격이 있고, 진실이 있다. 어찌 책뿐이랴. 사업도 마찬가지다. 피로써 사업에 매진하라. 그러면 반드시 성공할 것이다.

"열정 없이 대업이 이루어진 일이 없다."

철학자 헤겔의 말이다. 문학자 에머슨도 이렇게 말했다.

"피는 정열의 상징이다. 우리는 피의 정열을 배우고 지녀야 한다."

‘ 눈물은 양심의 상징 ’

사람은 피를 흘려야 할 때가 있고, 눈물을 흘려야 할 때가 있고, 땀을 흘려야 할 때가 있다. 피를 흘려야 할 때에 피를 흘리지 않으면 다른 민족의 노예가 되기 쉽다. 땀을 흘려야 할 때에 땀을 흘리지 않으면 사회의 패배자가 되기 쉽다.

눈물은 정성과 양심의 상징이다.

눈물을 화학적으로 분석하면 약간의 염분과 다량의 수분으로 구성된다. 그러나 눈물 속에는 화학적으로 도저히 분석할 수 없는 무한한 정신적 가치가 있다. 그 정신적 가치는 한량없이 크고 깊다.

그리고 그 종류는 다양하다. 죄인이 흘리는 눈물 속에는 맑은 양심의 가책이 있다. 오랜 이별 끝에 만나는 부부나 모자의 눈물 속에는 인생의 가장 큰 기쁨이 있다. 구사일생으로 죽음을 면한 조난자의 눈물 속에는 생을 다시 찾은 한없는 감동이 있다. 피나는 노력으로 성공의 영광을 차지한 승리자의 눈물 속에는 자기의 전력을 다한 보람찬 감격이 있다. 8 · 15 해방으로 일제의 사슬을 벗어났을 때 우리 겨레가 흘린 눈물은 바로 자유에 대한 기쁨의 폭발이었다.

눈물은 인생에서 가장 순수한 것이다. 가장 맑고 아름다운 것이다. 가장 순수하고 아름다운 것이기 때문에 우리에게 감명을 주고 감격을 불러 일으킨다.

도산 안창호는 나라의 운명이 멸망 속으로 기울어져 가는 민족 쇠운을 보고 가슴을 치고 울었다. 예수는 예루살렘이 죄악과 타락의 도시로 전락하는 비극을 바라보고 눈물을 흘렸다. 눈물이 메말라간다는 것은 슬픈 일이다. 울어야 할 때에 울지 않는 자는 피도 눈물도 없는 사람이다. 인정의 눈물, 사랑의 눈물, 감사의 눈물, 감격의 눈물, 참회의 눈물을 흘릴 줄 아는 자가 정말 사람다운 사람이다.

우리의 가슴속에는 항상 많은 눈물의 샘이 흐르고 있어야 한다.

눈물이 없는 인간은 인간이라고 할 수 없다. 그는 이미 동물의 차원으로 전락한 것이다.

눈물은 인간을 심화시키고 향상시키는 정신의 깊은 원천이다. 우리는 이 원천을 메마르지 않게 해야 한다.

❛땀의 나무에 성공의 꽃이 핀다❜

땀은 노력의 상징이다. 인생의 모든 보람 있는 일은 모두 땀의 산물이다. 위대한 책, 훌륭한 음악, 뛰어난 작품, 과학의 발명, 기술의 발달, 정치적 업적, 경제적 성과 이 모두가 땀의 소산이다. 문명은 땀의 아들딸이다.

우리는 땀을 흘리며 부지런히 일하는 사람이 되어야 한다. 땀을 사랑하고 땀을 소중히 여길 줄 알아야 한다.

땀을 흘리지 않는 민족은 쇠퇴의 어두운 운명을 면할 수가 없다. 땀을 흘리기를 좋아하는 민족은 반드시 번영의 낙원에서 행복의 열매를 딸 수 있다.

천재는 땀의 산물이다. 땀 흘리며 노력할 때 영감이 샘솟는다. 땀을 흘리지 않는 자의 머리에서는 절대로 영감이 솟을 수 없다.

사람은 자기가 심은 것을 거둔다. 인과업보는 인생을 지배하는 법칙이다. 땀으로 인생의 대지를 갈아야 한다. 땀으로 성공의 탑을 쌓아야 한다.

성공한 인물들을 보라. 그들은 그 누구보다도 땀을 많이 흘린 사람들이다. 위대한 업적을 보라. 그것은 땀이 이룩해 놓은 인생의 공든 탑이다. 땀의 나무에 번영의 꽃이 피고, 성공의 열매가 열리고, 영광의 향기가 풍긴다.

우리의 인생관과 가치관의 밑바닥에 땀을 믿고 땀을 사랑하는 신조가 확립될 때 우리의 앞길에 축복과 영광의 태양이 비칠 것이다.

7

용기 있는 자가 승리한다

고난과 역경에 굴하지 않고
늠름히 싸울 수 있는 용기를 가져라

인생에서 가장 중요한 것은 용기다. 용기란 무엇인가? 고난 앞에서 늠름한 것이다. 어려운 일을 끝까지 수행해내는 강한 의지력이다. 참고 견디면서 도전하는 정신이다. 나약하지 않고 굳센 것이다.

인생의 모든 위업은 용기의 산물이다. 역사의 대업은 용기에 의해서 이루어졌다. 비겁한 자가 큰 일을 한 적이 역사에 있는가, 나약한 자가 위업을 성취한 일이 역사에 있는가, 『파랑새』를 쓴 벨기에의 작가 메테를링크는 이렇게 말했다.

"운명아, 비켜라. 내가 나아간다!"

이 얼마나 늠름한 용기의 표명인가!

"나는 운명의 목덜미를 꽉 붙잡았다"고 베토벤은 말했다. 그는 운명에 도전한 용감한 음악가였다.

인간의 용기를 시험하는 것은 역경과 고난이다. 고난과 역경 앞에서 좌절하느냐 전진하느냐에 따라서 용기의 유무가 결정된다. 용기는 인생의 가장 기본적인 덕이다.

철학자 플라톤은 인생의 네 가지 덕 중의 하나로 용기를 강조했다. 공자는 "용기 있는 사람은 두려워하지 않는다"고 말했다.

용기의 핵심은 두려워하지 않는 것이다. 용기의 반대는 비겁이요, 비겁은 두려워하는 것이다. 인생의 모든 발명과 성취, 창조, 개척 등은 모두 다 용기의 산물이다. 큰 일을 이루고자 하는 자는 모름지기 용기를 길러야 한다.

세계적인 인물 중에서 용기 있는 지도자로 마틴 루터 킹을 소개하고 싶다. 그는 20세기의 놀라운 용기의 상징이요, 화신이었다. 킹은 오래 전에 암살되었지만 그의 정신은 여전히 살아 있고 그의 이상은 더욱 빛나고 있다.

킹은 1939년 조지아 주 애틀랜타에서 태어났다. 조지아 주는 흑인 차별이 가장 심한 곳이었다. 그는 어렸을 때 친하게 놀던 백인 소꿉친구가 있었다. 하루는 그에게 놀러갔는데 백인 소년의 어머니가 자기 아들을 킹과 놀지 못하게 했다. 킹은 울면서 자기 어머니에게 그 까닭을 물었다. 어머니는 흑백의 차별대우를 어린 킹에게 설명했다. 이 사건은 킹의 어린 마음에 큰 충격을 주었다.

고등학교 시절 킹이 웅변대회를 끝내고 버스를 타고 돌아오는 길이었다. 백인 운전기사는 킹한테 백인에게 자리를 양보하라고 했다. 그는 그 말에 응하지 않았다. 동행하던 그의 선생은 킹에게 일어날 수밖에 없을 거라고 했다. 그는 백인 운전기사에게 심한 모욕을 당하고 할 수 없이 자리를 내주었다.

"잊을 수 없는 밤이었다. 나는 그때처럼 큰 분노를 느낀 적이 없다."

그는 후에 그 시절을 이렇게 회상했다.

소년 시절의 이러한 모욕과 충격은 킹으로 하여금 후일 흑인의 자유와 정의를 위해서 생명을 걸고 싸우는 인생의 용사, 사회의 투사로 만드는 계기가 되었다.

그는 예수에게서 사랑의 정신을 배웠고, 간디에게서 비폭력 투쟁의 방법을 배웠다. 25세의 청년 목사 킹은 하늘이 그에게 준 인생의 시련과 운명이 그에게 부과한 역사의 십자가를 용감하게 짊어졌다.

한 흑인 여자가 버스 속에서 백인에게 자리를 비키지 않았기 때문에 경찰관에게 체포 기소된 사건이 일어났다. 이 사건은 그 도시에 사는 5만의 흑인에게 큰 분노와 충격을 주었다. 그들은 하루 동안 버스 승차를 거부했다.

그러나 승차 거부 운동은 하루만으로 그치지 않고 장장 382일간 계속됐다. 흑인들은 하루에 12마일 정도를 가정과 직장 사이를 걸었다. 그들은 일 년 이상을 걷고 또 걸었다. 놀라운 단결력이었다. 무서운 저항정신이었고 요지부동한 투쟁이었다. 흑인들은 어떻게 그 용감한 침묵의 시위를 계속했는가. 그것은 마틴 루터 킹의 리더십이 있었기 때문이다. 그의 신념과 그의 투지력, 그의 용기와 그의 영도력이 흑인들에게 그러한 힘을 준 것이다.

킹은 여러 번 폭행을 당하고, 감옥에 투옥되고, 칼에 찔리고, 그의 집에는 폭탄이 던져졌다. 불안과 공포 속에서 그는 지칠 대로 지쳤다. 킹은 신에게 기도를 드렸다.

'저는 제가 옳다고 믿는 것을 위하여 여기에 섰습니다 그러나 저는 두렵습니다. 이제 제 힘은 다 고갈되었습니다. 혼자서는 견디어 나갈 수가 없습니다.'

킹은 이때 신의 음성을 들었다.

'정의를 위해서, 진리를 위해서 서라. 신은 언제나 네 편에 선다.'

킹은 용기를 얻었다. 그는 인생의 큰 비전을 보았다. 그는 사명의 사람으로서, 용기의 사람으로서, 투쟁의 사람으로서 굳게 섰다.

"불안은 사라지고 어떤 것에 대해서도 용감하게 나설 수 있는 각오가 생겼다."

진리와 정의를 위한 불굴의 용사 마틴 루터 킹이 새로 탄생한 것이다. 그는 신에게 기도를 드렸다.

'나는 몬트고메리의 자유를 위한 투쟁이 끝나는 날 아무도 생명을 잃지 않기를 바랍니다. 그러나 만일 누군가가 죽어야 한다면 저를 먼저 죽여주십시오.'

그는 이러한 각오로 정의를 위한 투쟁의 용사가 되었다. 미국 최고재판소는 버스의 인종 격리를 규정한 앨라배마 주법은 위법임을 선언했다. 흑인의 정의로운 투쟁이 드디어 승리한 것이다.

382일간에 걸친 승차 거부 운동은 흑인의 승리로 끝났다. 이제

킹은 미국 흑인의 지도자가 되었을 뿐만 아니라 20세기의 양심의 대표, 용기의 상징이 되었다.

역사는 또다시 그에게 어려운 십자가를 지게 했다. 인권운동을 위해서 킹은 더욱 어려운 투쟁의 자리에 나갔다. 그는 비폭력 방법으로 폭력과 대결했다. 정신력으로 사회의 악과 싸웠다. 혼의 힘, 사랑의 무기를 가지고 백인의 횡포와 싸웠다. 그리스도의 이념과 간디의 사상, 이것이 킹의 비폭력 투쟁의 철학이었다.

킹은 일생 동안에 열두 번 투옥되었다. 그러나 그의 용기는 꺾이지 않았다. 시련은 더욱 그를 성장시켰으며 고난 속에서 그를 더욱 위대하게 만들었다.

1963년 킹은 25만 명의 흑인과 백인의 군중을 이끌고 워싱턴에서 역사상 최대의 인권 평화시위 운동을 벌였다. 이날 그는 그의 생애에서 가장 감동적인 연설을 했다.

이 강연이 끝나자 사람들은 모두 서서 외치고 울고 박수치고 열광하고 흥분했다. 그의 연설은 그의 뛰어난 인격의 진실한 표현이었다.

위대한 인물일수록 위대한 꿈을 갖는다. 킹의 용감한 투쟁은 열매를 거두었다. 1964년 민권법안은 미국 의회를 통과했고, 인류는 그의 머리에 노벨 평화상이라는 영광의 면류관을 씌웠다. 35세의 젊은 나이에 노벨상을 탔다. 이것은 인류 역사상 전례가 없었던 일이다. 그러나 그는 흉탄으로 39세에 쓰러졌다. 마틴 루터 킹, 위대한 이름이다. 그는 혜성처럼 나타났다가 혜성처럼 가버렸다. 그가 우리에게 준 최대의 선물이 무엇일까.

그것은 용기다. 고난과 역경에 굴하지 않고 늠름히 싸운 그 용기다. 우리는 그에게서 인생의 용기를 배운다.

8
실패를 기뻐하라

실패는 성공의 어머니라고 하듯이
성공하기 위해서는 실패도 피해서는 안 된다

실패를 실패로 생각하지 말아야 한다. 만약 당신에게 실패를 인정할 만한 지성이 있다면 그것은 실패가 아니라 교훈이 된다. 그러므로 당신은 실패를 통해서 많은 것을 배웠기 때문에 실패를 두려워하지 않는다.

실패를 해도 낙망하지 않는 사람은 행복한 사람이다. 실패하는 것을 기뻐하는 사람은 행복한 사람이다.

이기든 지든 마음가짐 하나에 달려 있는 것이다.

만약 당신이 실직을 했다면 그것으로 족한 게 아닐까? 당신에게 적합하지도 않는 곳에 붙어 있을 필요는 없다. 학교 시험에 실패했다고? 연인에게 버림을 받았다고? 주식을 사서 손해를 봤다고? 여러 사람 앞에서 망신을 당했다고? 선거에서 떨어졌다고? 이와 같은 불운은 모두가 우리 자신이 그것을 불운이라고 생각할 때만 불운한 것이다.

만약 당신이 그것을 올바르게 판단만 한다면 실패라고 해서 결코 나쁜 것은 아니다. 실패는 성공의 어머니라고 했으며, 성공을 하기 위해서는 실패도 피해서는 안 된다고 했다.

『맨체스터 가디언』지의 기고가였던 윌리엄 보리소는 다음과 같이 말했다.

"인생에 있어서 가장 중요한 것은 수입을 늘리는 것만이 아니다. 정말로 소중한 것은 실패에서 오히려 이익을 얻어내는 것이다."

실패를 두려워하지 말고 도전하라

기회가 오면 비겁하게 도망치거나 두려워하지 말고
악착같이 잡아라

나는 다른 사람들이 싫어하거나 어렵게 여기는 일을 기회만 오면 해본다. 그것이 성공했거나 혹은 실패했든 간에 주저 없이 이런 일들에 부딪혀온 것이 전부 나의 영양소가 되어온 것만은 사실이다.

사람들은 흔히 "인생을 살아가는 데는 요령이 필요하다"고 말한다. 나는 이 요령이란 다름 아닌 기회를 잡는 일이라고 생각한다. 요령이 없는 사람은 언제나 기회를 놓치고서 마치 감나무 밑에서 입을 벌리고 감이 떨어지기만을 기다리듯이 계획도 없이 세월을 보내고 만다.

그들은 자기의 실력을 테스트해 보지도 않고 그대로 물러나 방관하는 자세로 있다가 큰 손실을 보게 된다. 아무 준비도 없이 그대로 있다가 기회를 놓치고서 뒤늦게 후회하게 된다. 그것보다는 차라리 실패하더라도 도전해보는 것이 좀더 젊은이답고 패기 있어 보이지 않는가.

'만약에 실패한다면……' 하는 약한 마음은 애당초 갖지 않는 것이 좋다. 실패하면 다음 번에 다시 시작하면 될 것이 아닌가.

당신의 무한한 능력으로 찬스를 잡으려는 의욕을 가져라. 실패하더라도 다시 일어나 그 기회를 붙잡고 다시 한 번 전력을 다해 도전함으로써 당신은 성장하는 것이다.

그러므로 젊은이라면 마땅히 찬스에 걷어채이는 것쯤은 두려워하지 않고 마구 덤벼들어 부딪혀 보아야 한다.

기회를 붙잡아 악착같이 싸워서 성공한 미담은 우리 주위에서 얼마든지 듣고 볼 수 있지 않는가?

10

패기 있는 젊은이가 되어라

머리로 생각하고 치밀한 계획을
몸으로 부딪혀 실행해 나가라

당신의 상상력은 어떤 일을 하기 전에 나쁜 결과부터 생각하기
쉽다. 그러나 젊은이라면 패기를 가지고 자기의 능력에 용감히 도
전해볼 일이다.

오늘날 젊은이들은 상상력만을 가지고 어떤 일의 결론을 내리려
고 한다. 그러나 인생이 상상력만으로 어떤 결론을 내릴 수 있는 그
런 것인가?

우리는 실제로 어떤 일에 부딪혀 보고, 그 반응이 우리 몸에 어
느 정도로 오는가를 시험해볼 필요가 있다고 나는 생각한다.

사람이란 누구나 하려고만 하면 할 수 있다. 고생할 때의 만 원
은 같은 만 원이지만 몇 배의 가치가 있는 것으로 여겨진다. 돈이

한 푼도 없어서 이러다가는 내일 굶어 죽을지도 모른다는 경험을 나는 수없이 겪었다. 그렇기 때문에 나에게는 돈을 낭비한다는 것은 있을 수 없는 일이다. 그리고 다른 사람에게서 돈을 공짜로 얻었던 경험은 거의 없다. 나는 땀을 흘리고, 뼈가 부서지도록 노력한 대가로 돈을 벌었다.

세상 사람들은 흔히 경제적으로 타격을 받으면 실망에 빠져 용기를 잃고 말지만, 내 경우는 이와는 반대로 속으로부터 반발력이 치솟아 오기가 넘쳐흐르게 된다. 나는 지금까지의 온갖 경험으로 결코 죽지 않는다는 일종의 독특한 생활철학이 몸에 밴 것이다.

내가 여기서 말하고 싶은 것은 우리가 상상으로 만들어낸 결과로는 자기의 체력의 한계를 알 수가 없다는 사실이다. 그 상상을 육체를 가지고 현실화시켜 거기에서 일어나는 결과가 당신의 진정한 모습인 것이다.

그러므로 진정한 젊은이라면 머리로 생각한 치밀한 계획을 육체로써 맞닥뜨려 그 목적을 달성해야 할 것이다.

그런데 지금 젊은이들은 흔히 머리로만 생각하거나, 앉아서 이론적으로 따지기를 좋아하는데 이런 친구들이 장차 무엇을 할 수 있으랴!

11
정당하게 반항하라

옳은 일에 대한 투쟁은 젊은이로서 마땅히 해야 한다

당신이 상사에게 책망을 들었을 때 당신의 양식으로는 도저히 그 이유가 납득이 가지 않을 책망이라고 하자. 평소에는 상사에 대해 무저항주의를 신조로 삼고 있는 당신이지만 이번만은 도저히 그대로 참고 넘길 수가 없다면 당신은 어떻게 하겠는가?

젊은이라면 물론 그대로 참을 수는 없는 일이다. 아무리 상사라 할지라도 이런 경우라면 정당성을 주장하여 그 상관을 납작하게 만들어 버려라. 물론 손해는 각오하라.

주장하지 않아서 당신 자신이 바보가 될 경우라면 당연히 그렇게 하라. 물론 끝까지 당신이 자존심을 버리고 상사의 말을 흘려버린다면 이것이 가장 안전한 방법임에는 틀림없다.

그러나 당신이 인간인 이상 상사도 인간인 것이다. 만일 당신이 언제까지나 바보 노릇만 한다면 당신의 상사는 점점 더 당신을 얕잡아 볼 것이다. 이런 경우라면 당신은 용감하게 반항할 필요가 있다.

젊은이로서 세상을 온건하게 살아가기 위해 자기 주장까지 굽히고 다른 사람의 주장에 동조하는 인생을 살 바에는 차라리 죽는 게 낫다.

나는 인간 또한 자연 속에서 사는 동물이기 때문에 틀에 박히고 판에 박은 듯이 살아가서는 절대로 안 된다고 생각한다.

4장

말은
행복과
불행을
좌우한다

1
미묘한 말의 힘

불행한 상황에 처하더라도 적당한 자기 암시의 말로
행복의 씨를 심으면 행복은 다가온다

마음에 좋은 씨를 심으면 좋은 운명의 싹이 튼다. 그러나 마음에 좋은 상념을 그리려고 해도 자기가 불행의 극한 속에 있으면 그렇게 생각하는 것이 쉽지 않다.

자기 자신이 '머리가 좋다'고 생각하려고 해도 곧 그렇게 되기는 어렵다. 그래서 자기가 생각하려고 의도한 것을 되게 하는 방법이 있는데 그건 곧 말의 힘을 이용해서 그 생각을 마음에 심는 것이다.

특히 초보자에게는 자기 암시법을 응용하라고 말하고 싶다. 이것은 같은 소리를 되풀이하면서 그 소리를 귀로 들으면 그것이 암시가 되어 그와 같은 기분이 되는데 이것이 마음에 생각을 심는 것이 된다. 방법은 간단하다. 자기만 들을 수 있는 낮은 소리로, 자신 있는 어조로 같은 말을 20회 이상 되풀이하여 자기 자신에게 들려주는 방법이다.

아주 불행한 상황에서 '나는 행복하다, 나는 행복하다, 나는 행복하다' 이렇게 자꾸만 같은 말을 되풀이하여 자기 자신에게 들려주는 것이다.

이 방법은 일종의 적당한 암시의 방법으로 자기에게 그럴듯한 생각이 들게 하는 것이라고 생각하는 사람이 있겠지만 그건 당치도 않은 생각이다. 이것이야말로 참 자기 속에 내포되어 있는 행복을 알게 하는 방법이다.

'인정한 것만이 존재한다'는 것이 마음의 법칙이므로, 자기에게 불행이 연속되는 것은 일찍이 불행을 인정한 마음이 씨가 되어서 그것이 새로운 불행을 낳고 그 불행을 또 인정한 것이 또 새로운 불행을 낳곤 하는 악순환이 되풀이되는 것이므로 불행한 사태가 일어나더라도 그것은 가상이라는 것을 알아서 단호히 부정한다.

그리고 '참나의 실상은 행복하다'라고 몇 번이고 자기에게 일러주어서 그것을 인정하게 하면 그것이 행복의 씨가 되어서 행복의 열매를 거두게 되는 것이다.

2
무한한 가능성

인간은 무한한 가능성을 가지고 있으므로
그것을 인식하는 힘이 필요하다

인간에게는 무한한 가능성이 있다. 그러나 그것을 깨닫지 못했기 때문에 나타나지 않은 것뿐이다.

'인정한 것만이 존재'하므로 아무리 무한한 가능성이 있어도 그 무한한 것 중에서 자기가 인정한 것만이 나타나는 것이다. 누가 내게 백억을 주었더라도 그 백억 중에 십만 원만 내가 알고 있다면 나는 십만 원의 소유자일 뿐 그 밖의 돈은 없는 것이나 마찬가지다.

이와 같이 우리에게는 무한한 가능성이 주어져 있을지라도 그 중에서 극히 작은 일부밖에는 인정하기 않기 때문에 그 작은 일부분의 능력밖에 없는 것으로 보인다.

그래서 자신 안에 있는 무한한 가능성을 끌어내기 위해서 말의 힘을 쓰도록 하는 것이다.

우리들은 자기 자신에게 결코 나쁜 말을 쓰지 말고 항상 좋은 말을 들려주어서 그 좋은 말의 힘으로 무한한 능력을 끌어내고, 그 힘으로 다시 새로운 운명을 개척하도록 해야 한다.

3
말은 운명을 지배한다

말이 인간의 운명을 좌우하고 역사를 창조하므로
사소한 대화도 신중히 해야 한다

❝ 생각과 소리와 표정 ❞

마음에 심어놓은 상념에 의하여 운명이 결정된다는 것을 알게
되고, 그 다음에 상념을 심어놓는 힘이 바로 말이라는 것을 알 수
있다. 결국 말로써 인간의 운명을 지배할 수 있게 된다. 그러면 말
이란 어떤 것인가?

반드시 귀에 들리지 않더라도 에텔 파동(라디오 따위)이고 사념 파
동이다. 대체로 그 파동을 가리켜서 말이라고 하는데, 우리의 생활
에서 사념과 발성음과 표정이 좋든 나쁘든 간에 가장 중요한 우리
의 운명을 좌우하는 것이 말이다.

이것은『생명의 실상』에 나오는 말에 대한 설명의 일부다.

'말'이라고 하는 것은 사념, 발성음, 표정의 세 가지로 되어 있는 것이므로 결국 '좋은 말이 좋은 운명을 만든다'는 의미다.

소리를 내어서 좋은 말을 하면 좋은 생각을 낳고, 좋은 생각은 좋은 표정을 만드는 것이어서 이 세 가지는 일체인 셈이다. 그러므로 이 세 가지 중 어느 하나라도 빠지면 완전한 말이라고 할 수 없다. 우리는 이것을 잘 알고, 이 세 가지를 잘 해나가면 좋은 운명이 열린다.

좁은 의미로서의 언어는 발성음이지만 이 발성음은 자기 마음에 모르는 가운데 큰 영향을 주는 것이므로 나쁜 말은 하지 않는 것이 중요하다. 나쁜 말을 되풀이해서 자기에게 들려주면 그것이 마음의 씨가 되어 나쁜 운명을 만들어낸다.

❝모든 것은 생각한 대로 이루어진다❞

불교에서는 삼계유심(三界唯心)이라고 하여 '이 세상 모든 것은 생각대로 된다'고 한다. 그런데 이런 말을 하면 '그것은 거짓말이다. 나는 이때까지 생각대로 되어본 일이 없다'고 반박하는 사람이 있다.

그러나 사실은 그 사람이 '나는 생각대로 되지 않는다'고 믿고 있었으므로 그가 생각한 대로 된 것이다.

머리가 반백인 어느 부인이 '신령님, 내 머리를 좀 검게 해주소서' 하고 열심히 기도했더니 갑자기 아주 백발이 되어버렸다는 말이 있다. 이런 사실은 신령님이 자기의 기도를 들어주지 않은 것이라고 틀림없이 불평을 하겠지만, 이것은 기도의 방법이 틀려서 그런 것이지 신령님이 심술궂어서 그런 것이 아니다.

그런데 사실은 위와 같은 기도는 '검게 해주소서' 하고 비는 미래의 문제보다 지금 현재 '머리가 희다'는 사실을 더욱 강력하게 생각하여 그런 결과가 빚어진 것이다. 따라서 우리는 어떠한 기도를 하든지 말의 힘을 이용할 경우에는 이미 그것이 원하는 상태로 이루어졌음을 인정하고 있지 않으면 안 된다. 그래서 예수도 기도의 요령에 대해서 말하기를 '이미 받았다고 믿고 감사하라'고 했다.

지금 현실로 전혀 나타나지 않은 것을 이미 나타난 것처럼 말하는 것은 우습지 않느냐고 하는 사람도 있지만, 종자라고 하는 것은 아무것도 나 있지 않은 밭에 심은 것이므로 아직 나타나지는 않았지만 나타날 것이 틀림없음을 확실히 믿고 심는 것이다.

우리가 말의 힘을 구사할 때도 밭에 심어 놓은 씨처럼 나타나는 것은 기정 사실이라는 것을 확신하고 그 확신을 좀더 철저히 현실적인 것으로 하기 위하여 이미 이루어진 상태로 알고 행하라는 것이다.

노래도 상당히 주의해서 부르지 않으면 안 된다. 노래도 몇 번이고 소리를 내어서 부르면 그것이 모르는 사이에 상념으로 되어서 자기의 마음에 종자를 심게 된다.

어느 젊은 부부가 결혼한 후에도 매우 사이가 좋았는데 1년쯤 지나서 헤어지자는 말이 나왔다.

어째서 이런 일이 생겼는지를 살펴보았더니 그 남편이 기타 치는 것을 아주 좋아해서 직장에서 돌아오기 무섭게 날마다 기타를 치면서 노래를 부르는 습관이 있었다는 것이다. 무슨 노래를 불렀는지를 물었더니 그는 이별의 노래를 좋아해서 이별의 노래만 불렀다고 한다. 그러는 동안에 차츰차츰 부부 사이에 금이 생겨 헤어질 생각에까지 이르게 되었던 것이다. 그래서 말의 힘이 어떻다는 것을 설명해주고 이별의 노래를 되풀이하여 부른다는 것은 이별이라는 씨를 마음속에 심는 것이 되므로 그런 노래를 부르지 말라고 조언했다. 그리하여 그들은 곧 노래를 그만두었고 그 결과 전과 같이 사이 좋은 부부가 되었다는 웃어버릴 수만도 없는 실화가 있다.

그러므로 우리는 노래를 부르되 좋은 노래를, 건설적이고 밝고 바르고 선한 내용의 노래를 선택하여 불러야 할 것이다.

나 자신의 경험을 말하면 나는 16~17세 때에 모차르트의 마적의 노래를 좋아했는데 그걸 부르는 동안에 참으로 마적이 되려고 결심했던 일이 있다.

어느 노래를 좋아한다는 사실은 그 노래와 파장이 맞는 까닭이며 파장이 맞기 때문에 계속 부르고, 부르다 보면 그 노랫말이 상념으로써 마음에 작용하고 그것은 마침내 현실로 나타나는 법이다. 그러므로 우리는 결코 슬픈 노래, 나쁜 노래 따위를 불러서 그런 노래처럼 슬픈 일과 나쁜 일이 나타나지 않도록 해야 한다.

❛ 말이 씨가 된다 ❜

이와 같이 자기의 말을 자기에게 들려주어도 그것이 운명을 좌우하는 힘이 된다는 것을 알고 자기 주위에 있는 사람에게까지도 결코 나쁜 말을 해서는 안 된다.

특히 오래 함께 있는 기회가 많은 가족이나 친구, 사회의 동료 등에게 더욱 말을 조심해서 해야 한다. '당신처럼 운이 나쁜 사람은 없어'라는 말처럼 상대방을 크게 동정하는 뜻으로 이 말을 되풀이하면 결국 그것은 상대방에게 '나는 참으로 운이 없는 놈이다'라는 생각을 하게 만들고 그 사람을 진짜로 불행한 사람이 되게 하는 것이다. 참으로 무서운 일이다. 형제들에 대해서도 '너는 우리 형제들 중에서 가장 머리가 나빠' 하는 따위의 말로 자극을 준답시고 계속 되풀이하면 상대방은 점점 '나는 정말 머리가 나쁘다'는 생각을 심각하게 하게 되고 정말 머리가 나쁜 사람이 된다. 그런 형제가 있거든 차라리 이렇게 말하라.

'너는 머리가 좋다. 네 머리는 결코 나쁘지 않다'고 말해서 그 말의 힘으로 '나는 결코 머리가 나쁘지 않다. 내 머리도 우수한 머리다' 하는 생각을 갖도록 만들어라. 다시 말해서 '머리가 좋다'는 종자를 심도록 해주는 것이 옳은 일이다.

그러나 주의할 점은 본인이 생각해도 자기는 성적이 떨어진다고 느끼고 있는 사람한테 덮어놓고 '너는 머리가 좋다'고 해주면 '아, 저 말은 멀쩡한 거짓말이다'라고 생각하거나, '저 말은 내 머리가 나쁜 것을 알면서 일부러 나를 비웃는 거야'라고 생각해서 전혀 효과가 없게 된다. 그런 사람에게는 차라리 이렇게 얘기하라.

"모든 사람의 두뇌는 거의 같다는 것이 많은 연구에서 밝혀졌다. 더구나 너는 우리와 같은 피로 태어난 한 부모의 자식이다. 어찌 네 머리만이 유독 나쁘겠느냐! 네 성적이 떨어지는 원인은 너의 주의가 산만하고 노력이 부족했기 때문이다."

이러한 말을 해주어서 머리는 좋은데 노력이 부족했다는 것을 느끼게 하여 머리에 대해서는 자신감을 가지게 하고 노력은 더 해야겠다는 결심을 굳게 하도록 해주어야 한다.

'바보를 바보라고 하는 것은 진실 그대로를 말하는 것이니까 당연하지 않느냐'고 하는 사람이 있지만 바보를 바보라고 계속 말하면 그 말의 힘으로 점점 더 진짜 바보가 되어가는 것이다.

바보처럼 보이는 사람일수록 '머리가 좋다'는 종자를 말의 힘으로써 심어주지 않으면 안 된다. 흔히 본래 체질을 약하게 타고나서 큰일이라고 하는 사람이 있는데 약한 사람이 약하다고 하기 때문에 더욱 약해지는 것이다.

노상 입버릇처럼 '나는 체질이 약하다'고 하는 사람들을 보면 의사들의 눈에는 조금도 약한 사람으로 보이지 않는데도 자기가 자기의 마음으로 제멋대로 약하다고 미리 정해버린 사람이 많다.

❝ 지혜로운 사랑의 말 ❞

24세의 미혼 여성이 내게 와서 "저는 본래 체질을 허약하게 타고났기 때문에……" 하는 말을 여러 번 입버릇처럼 되풀이했다. 그래서 나는 "당신은 허약한 체질로 타고났다는 말을 계속 되풀이하는데 누가 허약한 체질로 태어났다고 정했습니까?"라고 물었다.

"누가 정한 것은 아니지요. 본래 그렇게 타고난 것이 사실인 걸요."

"누군가가 정한 것이 아니면 당신처럼 그렇게 약해질 수가 없습니다. 그런데 어째서 그렇게 약하다는 겁니까?"

"저는 여덟 달 만에 태어난 아이였습니다."

이 젊은 여성이 허약 체질이라고 하는 까닭을 알았다.

흔히 팔삭둥이라고 해서 8개월 만에 낳았다고 하지만 대개는 9개월 만에 낳은 경우가 많다. 아무튼 그런 아이는 정상아에 비해서 키우기에 어머니의 노고가 크기 마련이다. 그래서 어머니도 그녀가 어렸을 때부터 매번 "너는 여덟 달 만에 낳았기 때문에 약하다"

고 하는 말을 입버릇처럼 그녀에게 해왔다는 것을 알았다. 그러니 그녀의 마음속에 '나는 허약하게 타고났다'는 생각이 뿌리깊이 박힌 것도 무리가 아니다.

어머니는 자기의 아이를 사랑하는 마음으로 그런 말을 하는 것이겠지만 아이에게는 허약하다는 말이 세뇌가 되어 자신이 정말 허약하다고 인식하여 허약한 몸이라고 믿는 것이다. 어머니는 그 아이에게 진짜로 허약한 몸을 만들어준 결과가 된다. 그러니까 참으로 자식을 사랑한다면 그런 말을 해서는 안 된다. 지혜가 없는 사랑은 도리어 상대를 나쁘게 하는 경우가 있다.

'연구하는 자세가 필요하다'

무엇을 하든지 애써서 하면 된다고 하는 사람이 있으나 법칙을 모르는 사람은 노력만 한다고 잘 되는 것이 아니다. 자동차를 운전할 줄 모르는 사람이 아무리 힘을 들여 보아도 자동차는 움직이지 않는다. 어쩌다가 움직이게 되면 곧 큰 사고를 내게 될 뿐이다.

텔레비전이 고장이 났을 경우 텔레비전의 구조를 모르는 사람이 아무리 고치겠다고 부속을 이리저리 건드리고 돌리고 해봐도 고쳐지지 않는다. 자칫하면 잘못 건드려서 자기가 다칠 위험이 있다.

마음의 법칙을 모르고 행복해보겠다고 발버둥치는 것도 마찬가지다.

자신의 아이에게 "공부 좀 해라. 공부 좀 해. 너는 머리가 나쁘단 말이야." 따위의 말을 아무렇지 않게 하는 부모가 있는데 이런 말을 되풀이하면 자식이 진짜로 얼뜨기가 되어버린다. 이와 같이 일상의 평범한 말을 주고받는 가운데에도 말의 힘이 얼마나 큰지 그 법칙을 잘 알고 쓰지 않으면 남편을, 아내를, 자식을 좋게 하자고 노력한다는 것이 도리어 나쁜 방향으로 역회전시키는 결과가 된다.

4
자기 자각과 다짐

자신감 확립과 긍정적인 사고가
행복에의 지름길이다

나는 자연의 위대한 피조물이다. 유사 이래 마음이나 이목구비가 나와 똑같은 사람은 없었다. 미래에도 나와 똑같이 걷고, 말하고, 움직이고, 생각하는 사람은 없을 것이다.

세상의 모든 사람은 나의 형제다. 그러나 나는 그들 누구와도 다르다. 나는 유일한 피조물이다.

나는 자연의 위대한 피조물이다.

비록 나도 한 마리의 동물에 지나지 않지만 동물 취급을 받고 만족하지는 않겠다. 나의 마음속에는 예부터 그 누구에게도 볼 수 없었던 불꽃이 타오르고, 그 불꽃은 현재의 나보다 더 낮게 되도록 끝없이 자극해왔고 앞으로도 그럴 것이다. 나는 이 불만스러운 불을 계속 부채질하여 내 자신이 세상에서 유일한 존재라는 것을 나타내겠다. 그 누구도 나의 그림 솜씨를 닮을 수는 없으며, 그 누구도 나의 손재주와 같을 수 없으며, 그 누구도 나의 필체를 복사할 수 없고, 또한 그 누구도 나와 똑같은 재능과 능력을 가진 사람은 있을 수 없다. 이제부터 나의 이러한 차이점을 뚜렷하게 하겠다. 왜냐하면 이것이야말로 앞으로 훌륭하게 전진할 수 있는 재산이기 때문이다.

나는 자연의 위대한 피조물이다.

다른 사람의 헛된 시도는 결코 되풀이하지 않으리라.

대신 나의 우월성을 세상에서 나타내겠다. 나는 이 우월성을 공표하고 그것을 사람에게 팔겠다.

나는 다른 사람들과 유사한 것을 감추고 특수성을 강조하겠다.

나는 희귀하다.

모든 희귀한 것은 가치가 있다. 그러므로 나는 가치가 있는 존재다. 나는 수천만 년의 진화 끝에 태어난 것이다. 그러므로 나는 지난 모든 왕국의 현명한 사람들보다도 훨씬 훌륭한 정신과 육체를 가지고 있다. 그러나 나의 기술, 나의 정신, 나의 마음 그리고 육체는 가만히 놓아두면 침체되어 썩고 죽을 것이다.

나는 무한한 가능성을 가지고 있다.

내가 가지고 있는 것은 단지 특별하지 않은 두뇌와 보잘것없는 육체이지만 지난날보다는 몇백 배의 성취를 가져올 것이며, 오늘 나는 그것을 과감하게 착수하는 것이다 나는 결코 어제의 성취에 만족하지도 도취하지도 않으며 또한 자만하지도 않으리라. 왜냐하면 그것은 너무나도 적은 것이기 때문이다.

나는 내가 했던 것보다 훨씬 더 많이 이룰 수 있다. 왜냐하면 나를 탄생시키기 위한 기적은 나의 출생과 더불어 끝나지 않았는가? 어째서 나는 그 기적을 오늘의 나의 행동에 확대시킬 수 없다는 말인가?

나는 자연의 위대한 피조물이다.

나는 이 세상에 우연히 태어난 것이 아니다.

나는 이 세상에 목적을 가지고 태어났고, 그 목적은 한 알의 모래알처럼 위축되지 않고 산처럼 커져야 한다.

이제부터 나의 모든 노력을 다하여 가장 높은 산이 되게 하고 나의 가능성을 무한정하게 확장시키겠다.

나는 인류와 나 자신 그리고 내 상품에 대한 지식을 높임으로써 나의 판매량을 확대시키리라.

나는 나의 상품을 팔기 위하여 말하는 솜씨를 연마하고 실천하고 개선하리라. 왜냐하면 이것이야말로 나의 경력을 쌓는 근원이 되며, 수많은 사람들의 거대한 재산과 성공은 오로지 타고난 천재적인 언변을 통하여 얻을 수 있었기 때문이다.

또한 나는 나의 태도와 품위를 향상시키기 위한 방법을 끝없이 모색하리라. 왜냐하면 이것은 모든 사람을 달콤하게 매혹시킬 수 있는 사랑이기 때문이다.

나는 자연의 위대한 피조물이다.

나의 정력은 나에게 도전하는 그 어떤 것이라도 뚫고 나가게 할 것이며, 나의 행동은 모든 것을 잊게 할 것이다.

나는 보기 위한 눈과 생각할 수 있는 마음을 가지고 있다. 이제 나는 드디어 생에 대한 위대한 비밀을 알았다. 즉, 나의 문제점들에 사실은 절호의 기회가 감추어져 있다는 것을.

나는 이미 그들이 입고 있는 옷을 보고 사람을 평가하는 바보는 아니다.

나에게는 사물을 분간하는 눈이 있다. 나는 옷 속에 감추어져 있는 것을 속지 않고 볼 수 있으리라.

나는 자연의 위대한 피조물이다. 자연은 실패를 모른다. 따라서 자연은 성공하며 나도 또한 그러하리라. 또한 각각의 성공은 다음의 투쟁을 더욱 쉽게 할 것이다.

나는 성취할 것이며, 지상 최대의 인물이 될 것이다. 왜냐하면 나는 유일한 존재이기 때문이다.

나는 자연의 위대한 피조물이다.

5
나의 투쟁의 다짐

얼마를 더 걸어야 성공하느냐는
다음 모퉁이를 걸어야만 알 수 있다

큰 소리로 되풀이 낭독하면 더욱 효과가 있다. 나는 성공할 때까지 투쟁하리!

동양산의 힘센 황소 두 마리를 투우장으로 끌고 와서 투우사는 창으로 찌른다. 그들 황소의 용감성은 창에 찔리는데도 불구하고 계속 덤벼드는 횟수에 비례하여 입증되었다. 이제부터 나의 내일의 생활도 이와 똑같은 방법으로 입증할 것이다. 투쟁하고 계속 노력하고, 앞으로 나아간다면 성공할 것이다. 나는 성공할 때까지 투쟁하리!

나는 패배하기 위해서 이 세상에 보내지지도 않았으며, 나의 혈관은 패망의 길로 치닫지 않을 것이다.

나는 목자에 의하여 이끌리는 양이 아니다.

나는 사자다. 양과 같이 말하고, 걷고, 잠자기조차 싫다.

나는 불평하면서 눈물을 짜는 자들의 울음소리를 듣지 않으리. 그들의 병은 전염되는 것이므로 그러한 자들은 양과 같은 무리다.

패배하여 도살장으로 끌려가는 것이 나의 운명이 아니다. 나는 성장할 때까지 투쟁하겠다. 인생의 보람이란 출발 전 가까이에 있는 것이고 모든 행로의 끝에 있는 것이다.

얼마나 많이 걸어야 그 목표에 도달할 것인지는 알 수 없는 일이다. 수천 걸음을 걸어도 실패할지 모른다. 성공은 아직도 한 치 앞을 볼 수 없는 안개다. 내가 얼마나 더 걸어야 성공할 것인지는 다음 모퉁이를 돌지 않으면 알 수 없는 것이다.

나는 앞으로 한 걸음 한 걸음 나아갈 것이다. 내가 한 걸음씩 나아가지 않는다면 이제까지 온 길은 무익한 것이 되어버린다. 한 번에 한 걸음씩 나아가는 것은 그리 어려운 일이 아니다.

나는 성공할 때까지 투쟁하리!

이제부터 하루의 노력은 마치 거대한 참나무를 쓰러뜨리기 위해 일격을 가하는 데 지나지 않는다고 생각하리라.

첫 번째 한두 번 찍는 것은 한 번 울리는 데 지나지 않을 것이며, 각각의 일격은 그 자체에 사소한 영향밖에 미치지 않는다. 그러나 이 사소한 일격을 거듭함으로써 그 큰 나무는 결국 쓰러지고 마는 것이다. 오늘 나의 노력도 또한 이러하리라. 한 방울의 비가 큰 산을 씻어버리듯, 가는 별빛이 모여서 지상을 자히듯, 나도 똑같이 그렇게 할 것이다.

나는 조그마한 나의 시도를 반복해서 완전한 하나의 콘크리트 성을 지을 것이다.

나는 성공할 때까지 투쟁하리!

나는 결코 패배를 생각지 않으리.

나는 다음과 같은 말과 구절을 용납하지 않으리. 즉 기권이나 불가능, 무기력, 불로소득, 회피, 의혹, 실패, 암담, 퇴보…… 이것은 어리석은 자들이 쓰는 말인 것이다. 나는 낙담을 회피하겠지만 만약 이 마음의 병이 나를 괴롭히더라도 계속 과감하게 일해나갈 것이다.

나는 노력하고 참으리라. 나는 발 밑에 있는 장애물에 구애되지 않고 나의 눈은 항상 저 꼭대기에 있는 목표를 향할 것이다.

황량한 사막이 끝나는 곳에 오아시스가 있는 것을 확신하고 성공할 때까지 투쟁하리.

나는 예부터 내려오는 중용의 이치를 기억하고 그것을 위하여 최선을 기울이리라. 나는 실패를 통하여 수단을 얻고, 다음 시도를 성공적으로 이끌 수 있는 방법으로 사용하도록 계속 투쟁하리.

내가 듣는 수많은 부정의 소리는 성공의 날이 가까워졌다는 것을 알리는 것이리라. 내가 대하는 수많은 찡그린 모습들은 울음이 가까이 온다는 것을 말하는 것이리라. 내 마주치는 수많은 불행은 내일에 행운의 씨앗을 가져올 것이다. 밤이 있어야 낮이 있는 법이다.

나는 한 번 성공하기 위해서는 많은 실패를 해야만 한다.

나는 성공할 때까지 투쟁하리!

나는 노력하고 또 노력하리.

나의 직업에 도전하는 모든 장애물은 오로지 나의 성공을 지연시킬 뿐이다. 그러므로 나는 오히려 그들에게 감사할 뿐이다.

나는 투쟁함으로써 잠수부가 거센 파도 속에서 기술을 연마하는 것과 같이 기술을 배우리라.

나는 성공할 때까지 투쟁하리!

이제부터 나는 나와 같은 직업에서 훌륭했던 사람들의 성공의 비결들을 배워서 적용하리. 나의 지친 몸이 고향 생각을 떠오르게 하면 그 유혹을 없애기 위하여 투쟁하리. 그리고 다시 노력하리라.

나는 성공에 더 가까이 접근할 수 있도록 또 다른 시도를 하고, 실패할 경우에는 또 다시 하리라. 단 하루라도 실패하지 않으리라.

나는 내일의 성공을 위한 씨를 심을 것이며, 이미 수많은 사람들이 극복할 수 없었던 이 일을 거두어들일 것이다.

다른 사람들이 투쟁하기를 중지할 때 나는 투쟁할 것이고, 나의 수확은 더욱 늘어날 것이다.

나는 성공할 때까지 투쟁하리!

결코 나는 어제의 성공에 만족하여 오늘의 평안을 찾지 않을 것이다. 이것이야말로 실패의 근원이 되기 때문이다.

나는 그것이 좋건 나쁘건 지난날에 있었던 일을 잊어버리고 신념을 가지고 새 날을 맞이할 것이며, 이것이야말로 내 생의 가장 보람 있는 하루가 될 것이다.

생명이 있는 한 나는 투쟁하리라!

이제 나는 성공할 수 있는 훌륭한 원칙을 알고 있으므로 얼마나 오래 투쟁하느냐에 따라 승리는 판가름될 것이다.

나는 투쟁하리라.

나는 성공하리라.

나는 승리하리라.

5장

잠재의식에
대하여

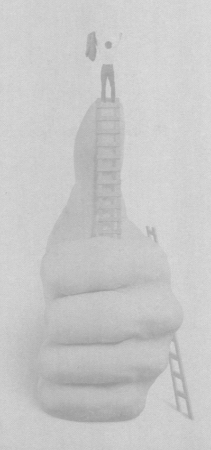

1
머리를 잘 쓰면 어떤 문제도 해결된다

어떤 문제에 직면했을 때는
극기와 자제력을 발휘하라

문제를 해결하는 첫 번째 기술은 생각이다. 생각하라, 단순하게 생각하라. 만일 신의 의지와 끈기, 침착성을 발휘하면서 생각한다면 문제는 간단히 풀릴 것이다.

다시 말해서 아무리 어려운 문제나 아무리 심각한 상황이나 주위 환경이라도 마음속으로 깊이 생각하면 해결된다는 의미다.

에디슨에 의하면 몸이 필요한 유일한 이유는 두뇌를 운반하기 위함이라고 했다. 두뇌는 최고 사령부다. 몸의 가장 상부에 위치한 이유가 그런 이유에서다.

에디슨이 한 말의 뜻은 바로 이것이다. 우리의 실존, 성공, 행복, 미래는 모두 두뇌의 명령을 받는 우리의 마음자세가 결정하는 것이다.

두뇌가 있기 때문에 우리는 명심하고, 이해하고, 꿈꾸며 생각한다. 사람들은 이러한 기능 발휘를 심장에서 하는 줄 잘못 알고 있다. 그러나 사실은 심장에서는 혈액순환의 임무를 담당하고 있을 뿐 생각하는 곳은 마음이다. 마음은 곧 당신 자신이다. 그리고 그 마음속에 영혼이나 정신이 기숙하고 있다고 보아야 한다.

일반적으로 문제가 생기면 생각보다 감정이 앞서게 될 경우가 많다. 마음은 이성의 지배를 받지 않으므로 감정이 우세하면 곧 우리는 감정의 노예가 되어 당황한 나머지 아픔을 느끼게 된다. 신경질적인 사람은 한밤중에 일어나 몸둘 바를 모르며 입안이 마르고 심장이 이유 없이 뛰게 된다.

"왜 나에게 이런 문제가 생기나?"

"왜 나는 이런 꼴을 당해야 하나? 어쩌면 좋단 말인가"라고 그는 울부짖는다.

이런 경우 문제에 대해서 무턱대고 고민하거나 당황하지 말고 침착하게 현실적으로 생각하는 것이 상책이니 단순하게 생각하라.

'당신의 모든 문제에 대한 해답은 당신의 마음속에 있다.'

그러나 당신은 감정의 노예가 되어 당황 속에 감금되어 있기 때문에 당신은 마음을 이용하지 못하고 있을 따름이다. 이 한 가지 사실은 분명하다.

감정의 지배를 받는 한 당신의 마음은 정상적인 작동을 할 수가 없다. 당신이 냉정한 사람이 될 때 당신의 마음속에서는 문제 해결을 해줄 만반의 자세가 되어 있다. 언제나 당신의 마음은 당신을 돕길 원하고 있다는 것을 명심하라. 그러나 당황하거나 신경질적이 되거나 조그마한 감정의 기색이 보여도 마음은 해결책을 제시해주지 못하게 된다.

그래서 문제가 일어나면 우선 침착해야 한다. 침착하려면 극기나 자제력이 필요하다. 그러나 사람들은 왜 극기가 부족한가? 인격 도야를 하지 않기 때문이다. 언제나 마음을 가라앉혀라. 무슨 일이 있든지 침착 제일주의로 나가라. 감정의 노예가 되지 말고 지배자가 되어라.

문제를 해결하는 요령

- 문제는 근본적으로 좋은 것이지 나쁜 것이 아니다.
- 오직 산 자만이 문제가 있다. 문제가 많으면 많을수록 더 생기가 있는 사람이다. 그래서 문제가 생기면 오히려 기뻐하라.
- 문제 해결에 대한 방법을 알라. 문제 해결의 열쇠는 지식이다.
- 문제가 생기면 감정을 억제하고 침착하게 처리하라.
- 마음은 감정이 우세하면 작동하지 않고 냉정할 때에 작동한다.
- 생각하라. 마음속에는 항상 묘안이 들어있다.
- 당신도 할 수 있다고 믿어라. 문제를 풀 수 있다고 믿어라. 신념의 사람은 큰 일을 할 수 있다. 믿으면 해답이 생긴다. 문제가 있다면 해답도 있는 법이다.

2
잠재의식의 움직임

당신의 마음속에서 참되게 느끼고 있는 것은
잠재의식이 받아들여 준다

당신은 마음을 지니고 있으므로 곧 마음의 쓰임새를 배워야 한다. 당신의 마음에는 두 가지 형태가 있다. 의식적인 것, 즉 이성적인 것과 잠재의식적인 것인 비이성적인 것이 바로 그것이다.

당신은 의식하는 마음으로 생각한다. 그리고 당신이 생각하는 것은 잠재의식이 받아들여 당신이 사고하는 방향으로 나타나게 된다.

당신의 잠재의식은 당신의 감정의 다리이며 창조하는 마음이다. 좋은 일을 생각하면 할수록 그 좋은 일은 생각에 따라 일어나며, 반대로 나쁜 일을 생각하면 같은 방법으로 나쁜 일이 일어나게 된다. 이것이 곧 마음의 작용인 것이다.

보다 중요한 점은, 잠재의식이 그 어떤 생각을 일단 받아들이면 즉각 이를 실행으로 옮긴다는 사실이다. 잠재의식의 법칙은 좋은 쪽이나 나쁜 쪽이나 같은 방법으로 작용하며, 이것이 또한 재미있는 일이라 할 수 있다.

이는 또한 하나의 진리이다.

이 법칙이 부정적인 방향으로 응용되면 실패와 좌절 그리고 결국은 불행의 원인이 된다. 반면에 당신의 습관적인 생각이 조화롭고 건설적이라면 완전한 건강과 성공과 번영을 당신으로 하여금 체험하도록 해준다.

당신이 바르게 생각하고 바르게 느끼기 시작한다면 당신의 핸디캡이 치유되어 당신은 곧 정신의 평화와 건강한 육체를 갖게 된다. 이는 필연적이다. 당신의 마음속에서 요구하고, 참되게 느끼며 당신으로 하여금 실제로 이를 경험하도록 이끌어줄 것이다. 당신은 단지 잠재의식으로 하여금 당신이 생각하는 바를 받아들이게만 하면 된다. 그렇게 하면 당신 자신의 잠재의식의 법칙은 건강이나 평화나 당신이 원하는 만큼의 지위를 부여할 것이다.

당신이 명령이나 지시를 내리면 당신의 잠재의식은 충실하게 내재된 사고를 재현해준다. 당신은 마음속에 지니고 있는 사상이나 관념의 성질에 따라 잠재의식으로부터 반응과 해답을 얻을 수 있는 것이다. 바로 이것이 마음의 법칙이다.

심리학자와 정신분석학자들은 사고가 잠재의식으로 이입되면 그것은 곧 뇌세포에 각인된다는 것을 지적하고 있다. 잠재의식은 그것이 어떠한 생각이든 일단 받아들이기만 하면 즉각 이를 실행에 옮기기 시작한다.

이는 관념의 연합에 의하여 작용하며 그 목적을 이루기 위해서 이제까지 당신이 생애를 통하여 쌓은 모든 지식을 남김없이 이용하게 된다. 그것은 당신 속에 있는 무한한 힘과 무한한 에너지를 이용한다.

잠재의식은 또한 목적을 실현하기 위해서 자연계의 모든 법칙을 남김 없이 동원한다. 때에 따라서는 그것은 당신이 당면하고 있는 어려운 문제들을 즉각 해결하도록 노력하는 듯이 보일 때도 있다. 그러나 그와 같은 목적을 이루는 데는 며칠이나 몇 주 또는 보다 긴 시간을 필요로 할 때가 있을는지도 모른다.

마음의 작용은 좀처럼 눈으로 확인할 수 없는 신비한 것으로 당신이 생각하고 있는 그 자체가 바로 자신인 것이다.

3

잠재의식의 사고 작용

어떤 암시든 일단 잠재의식 속에 들어가면
반응이 시작된다

수면 상태에 있는 사람들에 대하여 심리학자나 그 외의 여러 분
야의 학자들이 실시한 무수한 실험에 의하면, 잠재의식에는 사고
작용에 필요한 선택이나 비교를 할 능력이 없다는 것이다.

당신의 잠재의식은 설사 잘못된 것이라 하더라도, 그 어떤 좋지
않은 암시라도 받아들인다는 것이 증명되고 있다. 어떤 암시이든
일단 이를 받아들인 이상 잠재의식은 부여된 암시의 성질에 따라
반응을 일으킨다. 여기서 잠재의식이 받아들이기 쉬운 암시의 예증
을 들어보겠다.

만일 숙련된 최면술사가 피술자에게 '당신은 나폴레옹이다, 당신
은 고양이다, 당신은 개다' 등의 암시를 주면 그는 피할 수 없이 정

확하게 부여된 암시에 따라 행동하게 된다. 그리고 피술자의 인격이 잠시 변하고 자기가 지금 시술자가 부여한 암시의 주인공이 되어 있다고 굳게 믿어버리는 것이다.

숙련된 최면술사가 최면 상태에 있는 자기 제자들에게 다음과 같이 암시를 주었다.

첫 번째 사람에게는 등, 허리가 가렵다는 암시를 주고 두 번째 제자에게는 코에서 코피가 나온다는 암시를, 세 번째 제자에게는 자기가 대리석상이라는 암시를, 네 번째 제자에게는 지금 영하의 기온에서 떨고 있다는 암시를 주었다고 하자. 이때 이들은 암시하는 환경에 따라 행동하게 된다.

이와 같은 간단한 예로 보더라도 의식해서 사고하는 마음과 비이성적이어서 비자발적인 마음이 진실이라고 믿으면 그대로 받아들이는 것이 잠재의식임을 알 수 있다.

당신의 영혼을 축복하고, 치유하고, 고무하고 그리고 즐거움으로 충만하게 해주는 사고나 사상을 전제로 선택하는 것이 또한 중요하다는 이유가 바로 여기에 있다.

4
잠재의식은 토양과 같다

잠재의식은 토양과 같아서
구별치 않고 받아들인다

잠재의식과 현재의식(의식하는 마음)은 서로 다른 두 개의 마음이 아니라는 걸 잊어서는 안 된다. 당신의 의식하는 마음은 곧 사고하는 마음이 된다. 그것은 선택하는 마음의 국면을 뜻한다.

이를테면 당신은 직업이나 또는 생애의 반려자를 선택하게 되는데, 당신이 결단을 내리는 것은 그 모두가 의식하는 마음에 의해 이루어지는 것이다.

한편 그 어떤 의식적인 선택을 하지 않더라도 당신의 심장은 자동적으로 활동을 계속하며 소화, 순환, 호흡 등의 작용은 당신의 의식적인 통제로부터 독립된 작용을 통해 잠재의식의 힘으로 진행되는 것이다.

당신의 잠재의식은 이성에 의한 것 또는 의식적으로 믿는 모든 것을 받아들일 수 있다. 그것은 의식하는 마음과는 달리 사고를 하지 않으며, 따라서 당신과 언쟁을 하는 일도 없다.

당신의 잠재의식은 토양과 같아서 좋은 씨앗이든 나쁜 씨앗이든 구별치 않고 받아들이고 있다.

당신의 사고에는 생명이 있으므로 이는 곧 씨앗에 비유할 수가 있다. 부정적이고 파괴적인 생각은 당신의 잠재의식 속에서 계속 부정적으로 작용한다. 그러는 동안에 그에 부응하는 외적인 경험으로 싹을 틔우게 되는 것이다.

여기서 잊어서는 안 될 것이 있다. 잠재의식은 당신이 생각하는 것이 좋은지, 옳은지 혹은 그른지를 검토하지는 않는다. 잠재의식은 오직 당신이 생각하는 바나 암시에 따라 반응하게 된다.

가령 당신이 어떤 일을 의식적으로 참된 것으로 생각하게 되면 설사 그것이 잘못된 것이라 하더라도 잠재의식은 이를 선별해내지 못한다. 그리고 이를 참되게 받아들여 필연적으로 결과를 이루어낸다. 그것은 당신의 의식이 그것을 받아들였기 때문이다. 사람은 일상생활에서 반복된 습관으로 인하여 인격자나 비인격자로 비치기도 하고, 불안, 공포, 평화, 조화도 얼마간의 의식적인 반복에 의하여 스스로가 그렇게 느끼고 겉으로도 그렇게 표현되는 것이다.

5
잠재의식의 생리

타인을 용서할 수 없는 것은 아픔이 가시지 않는
상처를 갖고 있는 것과 같다

1년쯤 전에 당신의 손에 상처를 입었다고 생각해보라. 그 당시 상처는 몹시 아팠다. 그러나 이제는 아프지 않다. 시간이 흐름에 따라 자연적인 치유에 힘입어 그 아픔도 사라지고 상처도 낫게 마련이다.

이와 마찬가지로 만일 누군가가 당신의 마음에 상처를 입힌다거나, 당신에 관해 거짓말을 하거나 여러 가지 악담을 했을 때 당신은 그 사람을 생각하면 불쾌한 기분이 들 것이다.

그 증오의 뿌리로 인해 당신과 당신의 선은 파괴당하고 있는 것이다. 그것은 언제까지나 아픔이 가시지 않는 상처를 안고 있는 몸과 같다. 몸에 입은 상처는 어느 때인가는 낫는다. 왜냐하면 낫는 것이 생명의 의지이며, 당신도 빨리 나아지기를 바라고 있기 때문이다. 즉 당신은 생명과 같은 의도를 갖고 있기 때문이다.

그런데 마음의 상처는 언제까지나 낫지 않고 아픈 것은 무슨 까닭인가?

그것은 당신이 생명의 의도에 반하여 용서하지 않으려고 하기 때문이다. 잘 생각해보라. 자신의 생각이나 반응이나 감정의 주인은 다름 아닌 당신 자신이다. 당신이 상처를 입지 않겠다고 단호히 마음먹는다면 당신의 마음은 상처 입을 까닭이 없다.

당신의 마음에 상처를 입히려고 하는 사람이 나타나면 오히려 그 사람을 위해 기원하고 축복을 보내라. 그 까닭은 이런 경우 타인을 축복한다는 것은 두말할 것도 없이 당신 자신을 축복하는 일이 되기 때문이다.

'타인을 증오하는 마음은 당신 자신을 증오하는 것이 됨을 명심하라.'

이것이 잠재의식의 진리다.

> 잠재의식이라는 밭에 씨앗을 뿌릴 가장 적기는 마음이 가라앉고 근육이 긴장상태에서 풀어진 때다

밭에 씨앗을 뿌릴 때에도 알맞은 시기가 있다. 한여름 뙤약볕이 마구 쏟아지는 때라든가 얼어붙은 겨울철 같은 때는 적당치가 않

144

다. 아무래도 따뜻한 때인 이른 봄이나 초가을이 알맞다.

이와 마찬가지로 만능의 토양이라고 하는 잠재의식에 대해 씨앗(당신의 생각)을 뿌릴 때도 그것이 받아들이기 쉬운 때가 좋다는 것이다. 예컨대 잠들기 전에 의식적으로 근육이 풀려 있을 때라든가, 아침에 잠에서 깨어나서 아직 의식이 선명치 않을 때가 가장 적절하다.

자기의 생각—자기의 소망을 그림으로 그린 것—을 머리에 그려보라. 의사가 되고 싶은 사람이라면 자기가 의사가 되어 진료하고 있는 모습을, 결혼하고 싶은 여성이면 멋진 남성과 더불어 행복한 가정생활을 하고 있는 것을, 부자가 되고 싶어하는 사람이라면 자기가 푹신한 소파에 앉아 파이프라도 피우고 있는 모습을 머리에 그려보도록 하라. 그리고 그림을 '잠재의식에 넘겨주어야지'하고 말해본다.

머리에 그림을 그리고 있는 시간은 1분이라도 좋으며 익숙해지면 10초 동안이라도 좋을 것이다. 이러한 일을 아침저녁으로 반복해야 한다. 이러한 일은 두말할 것도 없이 즐거운 일이다. 행복한 생각과 기분으로 잠자리에 들면 보다 행복한 생각과 기분으로 아침에 일어나게 된다. 즉 잠재의식은 당신이 잠들고 있는 동안 쉴새 없이 당신의 소망의 실현을 위해 우주를 끊임없이 움직이고 있는 것이다.

암시의 힘은 무서운 것이다. 따라서 나쁜 암시는 즉석에서 거절하고 밝고 건설적인 암시를 받아들이도록 해야 한다. 그러므로 '내

병은 잘 나아지지 않을거야, 난 행복해질 수가 없어, 나쁜 일이 생길 것 같아, 나는 왜 불안하고 초조하며 말을 계속 더듬는 거지' 등과 같은 암시가 떠오를 때에는 즉석에서 단호하게 그 암시를 거절하는 버릇을 들이지 않으면 안 된다. 단호히 '아니야!' 하고 말해라. 그러면 나쁜 암시는 작용하지 않게 된다. 그리고 곧 좋은 암시를 받도록 바꾸어야만 한다.

'난 놀랄 만큼 건강한 사람이 될 거야, 난 훌륭한 배우자를 맞이할 수가 있어' 이렇게 말하지 않으면 안 된다. 당신이 알고 있는 사람들을 살펴보라. 성공한 사람은 모두 나쁜 암시를 받아들이지 않는 마음가짐을 갖고 있다는 것을 알 수 있을 것이다.

> 잠재의식은 기름진 땅이며 의식하는 마음은 씨앗과 같은 것이다. 좋은 씨앗에는 훌륭한 열매가, 나쁜 씨앗에는 좋지 않은 열매가 열리기 마련이다

쌀알을 아무리 분석해 보아도 탄수화물 이외의 몇 가지 화학 성분 밖에는 들어 있지 않다. 그러나 그것을 밭에 뿌리면 싹이 나오고 꽃이 피고 다시 쌀이 된다.

이 얼마나 경이로운 일인가. 땅 속에서 불가사의한 작용이 일어나면서 알을 성장시켜 벼로 만드는 것이다. 감씨로부터 감나무가 생기고 복숭아씨로부터 복숭아나무가 생긴다.

말하자면 씨앗 속에는 모든 것이 포함되어 있고, 그것이 땅에 떨어지면 흙에서 그 모든 것은 싹트게 된다. 예를 들어, 당신은 의사가 되고 싶다는 생각을 갖고 있다고 해보자. 그리고 당신은 자기가 흰 가운을 입고 활발히 일하고 있는 모습을 눈으로 보듯 그려보자. 이같이 눈으로 보듯 그려보는 것(시각화)에 관한 것을 '생각'이라고 이름지어 보자. 이 '생각'이 바로 씨앗이다.

이 시각화를 분명히 해놓고 나서 그것을 곧 잠재의식으로 옮겨놓는다. 이것은 씨앗을 뿌리는 일이 된다. 그렇게 하면 그 씨앗은 반드시 싹이 트며 자라난다.

씨앗이 싹트기 위해서는 햇빛이 필요하고 물이 필요하다. 여기서 햇빛은 신념에 해당하고 물은 실감, 즉 신념이 구체화될 거라는 믿음에 해당한다. 잡초는 바로 이러한 믿음의 걸림돌이 되는 잡념, 의심, 불필요하다는 생각인데, 잡초는 빨리 제거해주는 것이 씨앗이 싹트는 데 중요하다. 우선 훌륭한 씨앗, 즉 좋은 생각은 골라내야 한다. 그리고 그 생각을 마음에 품고 나서 실감나도록 되풀이하고, 비관적인 생각이 문득 났을 때도 곧 그 생각을 잘라버릴 수 있게 되면 반드시 씨앗은 훌륭하게 성장하여 좋은 열매를 맺게 된다.

두뇌가 명석한 사람이 되고 싶다면 당신은 그러한 자신을 머릿속에 선명하게 그려라. 말을 잘하고 싶다면 여유 있고 용감하게 말하는 자신을 머릿속에 선명하게 그려라. 몸이 허약하고 병들었으면 건강하고 튼튼한 자기 자신을 머릿속에 선명하게 그려라. 그러면 잠재의식은 당신의 그림에 따라 두뇌도 말도 건강도 꼭 만들어

준다.

또한 아름답고 매력적인 사람이 되고 싶어하는 여성은 이상형을 잠재의식 속에 불어넣고 그 기대를 지속한다면 보이지 않는 순간에 점차적으로 외형까지 변해가는 것이다. 이것이 잠재의식의 법칙인 것이다.

> '
> 잠재의식은 받아들인 모든 것을 구분하지 않고 실현시켜주는 성질을 갖고 있다. 잠재의식에 농담은 통하지 않는다. 거짓도 통하지 않는다 '

잠재의식은 판단하거나 선택하는 능력은 전혀 갖추고 있지 않다. 당신의 마음 가운데서, 의식하는 마음 가운데서 이렇다고 생각한 것은 모두 실현된다.

따라서 당신이 '난 그렇게 하고 싶지만 나한텐 그렇게 할 여유가 없다'라고 말한다면 잠재의식은 그것을 진실로 받아들인다. 그리고 당신이 모처럼 간직했던 희망까지도 실현되지 못하게끔 해버린다.

이에 반하여 '나는 그걸 사야겠다. 난 그걸 마음속으로 받아들이고 싶다'라고 말한다면 잠재의식은 그것을 받아들여 늦든 빠르든 간에 당신의 소망을 실현해준다. 당신은 소용없다라든가 그밖에 당신에게 마이너스가 되는 말을 절대로 해서는 안 된다. 항상 적극적인 말을 당신의 잠재의식에 불러일으키고 계속해서 그렇게 말하도록 하라. 잠재의식은 당신의 말을 한 번 받아들이면 그것을 실현 가능하게 해준다. 적극적인 말을 되풀이하는 동안 당신 자신은 변해간다. 그리고 문득 깨닫고 보면 당신은 지금까지보다는 훨씬 적극적이며 매력적인 인간으로 변해 있고 한결 행복해져 있다는 것을 느끼게 될 것이다. 그러므로 당신은 자신에 대하여 정직하지 않으면 안 된다.

친구의 행운을 들었을 때 '그 친구는 형편없는 일을 했군' 이렇게 말한 당신 마음의 본바탕은 무엇일까?

당신은 그 친구의 행복을 부러워하고 '그에게 행운이 없었더라면 좋았을 걸' 하고 말하고 있는 게 아닐까.

잠재의식은 진실한 마음에 대해서만 반응을 일으키므로 '행운이 없었더라면 좋았을 걸' 하는 당신의 마음가짐을 받아들여 당신에게 행운이 오지 않게끔 작용하기 시작한다.

당신의 마음가짐을 솔직하게 지켜보라. 그리고 그 마음은 참되고 깨끗한 마음으로 가득차 있어야 한다. 당신이 진실로 행운이나 건강을 소망하고 더욱이 그것을 부정하는 마음이 없다면 소망은 꼭 실현된다.

> '고등어를 먹고 나서 식중독에 한 번 걸려본 사람은 그 후에 고등어를 보기만 해도 눈살을 찌푸린다. 잠재의식이란 뭐든지 좀처럼 잊지 않기 때문이다'

잠재의식은 현재의식이 아주 잊어버렸던 과거의 일도 기억하고 있다. 고등어를 보고 눈살을 찌푸리는 이유는 과거에 고등어를 먹고 나서 식중독에 걸린 적이 있었던 것을, 몸을 지배하고 있는 잠재의식이 기억하고 있으므로 눈에 고등어가 들어오는 순간 방어 반응을 일으키기 때문이다.

당신의 잠재의식은 하루 24시간 쉴새없이 작용하며, 한 번 받아들인 것은 결코 잊지 않은 채 당신을 끊임없이 지배하고 변하게 해준다.

그러므로 잠재의식에 명령을 내릴 때, 즉 무언가를 판단할 때 자기에게 불리한 것을 결코 말해선 안 된다. '나는 커피를 마시면 새벽 3시까지 잠들지 못한다'라고 말한 사람은 잠재의식에 대해 '내 몸을 새벽 3시까지 잠들지 못하게 해줘'라고 명령하는 것이나 다름이 없으니 그러한 사람은 새벽 3시까지 흥분해서 잠을 못 이루게 된다.

이와 마찬가지로 '나는 돈과 인연이 멀다, 나는 항상 불안하고 초조하다, 나는 소화가 잘 안 되며, 위장이 나쁘다' 혹은 '말을 또 더듬으면 어쩌지'라고 말하는 사람은 자기 자신을 가난하고 소극적으로 되게끔 잠재의식에게 명령하고 있는 것과 같다. 이와 같이 쉴 줄 모르고 밤에도 낮에도 작용을 계속하는 잠재의식을 자기에게 이로운 것으로 만드는 것이 당신이 의식하는 마음가짐이라고 할 수 있다.

> 잠재의식을 활용하는 데는 평안하게 하는 기술이 중요하다. 하나 하나의 근육에 대해 평안하게 이완하라고 명령하면 쉽게 할 수 있다

　의식하는 마음이 이것저것을 생각하고 또한 근육이 긴장하고 있을 때 잠재의식은 작용하기가 어렵다. 따라서 머피 이론을 이용하기 위해선 마음을 안정되게 하는 기술이 중요하다. 그러기 위해 발끝에서부터 하나하나의 근육에 대해 긴장이 풀리도록 명하는 것이 효과적이다.

　맨 먼저 오른발의 발가락 끝부터 이완하라고 명하고 다음에는 복사뼈, 무릎, 허벅다리 순으로 점점 위로 올라간다. 다음에는 왼발의 발가락 끝으로부터 같은 방법으로 시도해 본다. 그 다음에는 성기, 장, 위, 심장, 폐, 목 쪽으로 올라가서 또 다시 오른손의 손가락 끝, 손목, 팔꿈치, 어깨와 같은 순서로 긴장을 풀게 한다. 그리고 나서 아래턱(입이 조금 열릴 정도로 한다), 코, 귀, 눈, 머리 순으로 평안한 상태로 만든다.

　이러한 일에 익숙해지면 30초쯤이면 이 모두를 능히 할 수 있다. 그러면 손을 올릴 수 없을 것만 같은 기분이 된다. 그리고 나른해져서 잠에서 깨어난 것과 잠들고 있는 중간 상태에 있는 듯한 기분이 된다.

　그때 자기가 앞으로 되기를 바라는 모습을 그려본다. 그렇게 그려보는 가운데 그야말로 편안해지고 평화로워질 것이다. 이와 같은

방법은 하루에 몇 번이고 할 수 있다. 직장에 나가는 사람은 버스 안에서도 눈을 감고 할 수가 있다. 또 집에 돌아와서는 식사 전에 누워서도 할 수 있다. 그리고 자기 전에는 반드시 해야 한다.

어깨가 결린다든가 머리가 무거운 것은 그 원인이 일정하지 않다. 그러나 이와 같은 방법을 기운차게 되풀이하다 보면 이런 상태는 생기지 않을 것이다. 인간의 마음과 육체의 상태는 서로 밀접한 관련이 있다는 것은 예부터 잘 알려졌지만 최근에는 정신 신체 의학이 더욱더 중시되고 있다. 이 안정 방법은 당신의 정신뿐만 아니라 육체에도 균형을 갖다줄 것이다.

> ❛신념이 진실로 깊어지면 반드시 기적이라고만 단언할 수 없는 일이 일어난다❜

최근에 와서 암시요법 같은 것은 대단히 유명해져 있다. 그렇지만 일반적으로 암시는 그것을 받은 사람 이외에는 효과가 없다. 암시는 잠재의식에 대해 작용하게 되는 것이므로 잠재의식의 본질을 생각해보면 그 영향이 장본인이 아닌 다른 사람에게 영향을 미친다고 해도 좋다.

런던 캔싱턴 홀의 소장인 이브닝 프리트 박사의 이야기를 예로 들어보겠다.

어떤 사람의 딸이 불치의 피부병에 걸림과 동시에 관절염으로 불구가 되었다. 의사의 치료도 받아봤지만 아무런 효과가 없었다. 그 딸의 아버지는 '내 딸이 낫기만 한다면 난 오른팔을 주어도 좋아' 라고 말하면서 딸의 병이 낫기를 진실로 빌었던 것이다.

2년쯤 지난 어느 날, 그 가족은 드라이브를 하고 있었는데 불행하게도 충돌사고가 일어났다.

그 딸의 아버지의 오른팔은 부러졌지만 이상하게도 그의 딸은 그와 같은 시각에 피부병과 관절염에서 벗어나게 되었다. 꼭 2년간 그 사나이가 머릿속에 그렸던 일이 잠재의식에 새겨진 것이다. 잠재의식은 스스로 판단하지 못하므로 받아들여진 대로 실현된 것이다. 그것은 기도하고 있는 아버지에게 실현되었을 뿐 아니라 딸에게도 일어난 것이다.

이것은 잠재의식이 어떤 경우에는 개인을 초월하여 작용하는 것이라고 말하지 않는다면 달리 설명할 수가 없다.

노벨상을 받은 세계적인 외과의사 알렉시스 카렐르 박사도 이같은 불가사의한 일이 때때로 일어나고 있다는 것을 인정하고 있다. 신앙에서 남을 위해 기도하는 이유도 바로 여기에 있다.

> 건강을 위해 잠재의식을 이용하기 위해서는 머릿속에 건강한 이미지를 상상하는 것이 중요하다

우리가 의식하는 마음이 잠재의식을 자유롭게 조정할 수는 없

다. 식사를 할 때 소화하기 힘들도록 많은 양을 먹었어도 소화는 서서히 진행되며, 혈액은 자기의 의지에 상관없이 몸안에서 돌고 있다. 그러나 잠재의식을 이용하는 방법이 없는 건 아니다. 그것은 의식하는 마음으로 영상을 만들고 잠재의식에 넘겨버리는 것이다.

남아프리카의 요하네스버그에 사는 한 목사가 폐암이란 진단을 받았다. 보통 의학으론 절망적인 진단이었다. 그는 곧 머피 이론을 완전히 실행해보려고 생각했다. 하루에 반드시 몇 번씩 정신적으로나 육체적으로 완전히 평안한 자세를 취했다. 완전히 평안한 자세를 위한 기술은 아래와 같다.

"내 발은 편하다. 내 복사뼈는 아무렇지도 않다. 내 다리는 편하다. 내 복근은 이상 없다. 내 심장도 폐도 편하다. 나의 모든 존재는 완전히 안일하다."

이와 같이 5분 가량 말하면 평안한 상태가 된다. 그러한 상태에서 그는 아래와 같이 말했던 것이다.

"신의 완전성은 이제야 내 육체를 통해 표현되려고 한다. 완전한 건강이라고 하는 이미지가 이제야 내 잠재의식을 충만케 하고 있다. 따라서 내 잠재의식은 신의 마음속에 있는 완전한 이미지와 호응하여 내 육체를 다시금 창조하는 것이다."

이 목사는 기적이라고 말하기엔 너무나도 놀라운 효험을 봤던 것이다. 당신도 병으로 고민하고 있다면 이와 같은 방법을 이용해보라. 이 방법은 의사나 약의 치료 결과에도 위배되지 않는다. 당신이 믿으면서 기도 속에서 희구하는 것은 그것이 무엇이든 간에 당신에게 이루어질 것이다.

> **상대를 용서한다는 것은 상대를 방면해주는 것이다. 그러나 두 번 다시 방면해줄 필요는 없다**

남을 용서한다는 것은 실로 어려운 일이다. 그것이 잘 되면 당신의 인생에 기적이 일어난다.

그 테크닉을 소개해보겠다. 우선 마음을 조용히 하여 온몸의 긴장을 풀도록 하라. 그리고 우주의 대진리에 관하여 아래와 같이 긍정해보라.

"나는 아무개(상대 이름을 부름)를 아주 기분 좋게 용서해줍니다. 나는 정신적으로 그를 해방시켜줍니다. 나는 그의 일에 관한 모든 것을 용서해줍니다. 나는 자유이며, 그(또는 그녀)도 자유입니다. 홀가분한 기분입니다. 오늘은 내가 큰 용서를 해주는 날입니다. 나는 지금까지 나를 괴롭혔던 모든 사람을 방면해줍니다. 그리고 모든 사람에게 건강과 행복과 평화와 온갖 인생의 번영을 빕니다. 나는 이 일을 기분 좋게, 기꺼이 애정이 깃든 마음으로 합니다. 그리고 나에게 상처를 준 사람이 생각나면 '나는 당신을 방면해주었지. 그리고 모든 은총은 당신 거요. 나도 자유이며 당신도 자유입니다'라고 말해줍니다."

그야말로 굉장한 말이다. 참된 용서, 방면에 대한 중요한 비결은 당신이 한 번 그 사람을 용서해주었으면 기원을 되풀이할 필요가 없다는 것이다. 그 사람이 머리에 떠오르거나 지난날에 입은 상처가 생각날 때는 간단히 부드러운 기분으로 '너한테 평화가 있기를!' 하고 말하라.

한 번 용서해준 사람을 다시금 당신의 마음속에 간직할 필요는 없으며, 또 다시 방면할 필요는 없다.

생각날 때마다 이렇게 축복해주라. 며칠이 지나면 그 인물이나 그 당시 일이 점점 머릿속에서 사라지고 끝내는 생각이 바래진 채 사라져가는 것을 알게 될 것이다.

> 잠재의식은 말하자면 만능 기계와 같은 것이다. 그러나 이것은 자기 마음대로 움직이지 않는다. 움직이는 것은 당신의 현재의식이다

잠재의식은 만능의 기계와 같은 것이므로 뭐든지 할 수 있으나 그것을 운전하는 사람이 필요하다. 그 운전하는 사람이 당신의 의식하는 마음, 즉 현재의식이다. 당신이 당신의 운명을 좌우할 수 있다는 것은 이러한 까닭에서다.

그럼 어떻게 만능의 잠재의식을 자유롭게 운전할 수 있을까. 그것은 잠재의식에 바람직한 인상과 암시만이 새겨지도록 당신이 의식적으로 컨트롤하면 된다.

156

뭔가 좋은 일이 생길 것 같다는 인상만을 택해서 잠재의식에 인도하는 것이다. 아무리 몸이 약한 사람이나 머리가 나쁜 사람이라도 혹은 의지가 약한 사람이라도 이 정도의 선택은 할 수 있을 것이다. 따라서 이 법칙은 만인이 사용할 수 있는 법칙이라고 할 수 있다.

자기의 잠재의식에 대해 항상 밝은 희망과 기대에 넘쳐흐르는 말을 걸어보라. 그러면 만능의 잠재의식은 당신의 상태를 밝게 하고 당신의 희망과 기대를 현실화하는 쪽으로 움직이게 될 것이다. 고속 자동차의 액셀러레이터는 저속 자동차의 액셀러레이터보다 무거운 것이 아니라 오히려 가벼울 것이다. 만능의 잠재의식은 자기를 위해 움직이는 데는 특별한 힘과 노력이 필요하지 않다. 자기를 해롭게 하는 생각을 하지 않고 적극적인 생각을 택하는 것만으로도 당신은 '운명' 그 자체를 움직일 수 있게 된다

> 잠재의식을 배에 비유해 말한다면 당신의 의식하는 마음은 선장이다. 40만 톤의 거선이라도 오른쪽으로 가라면 오른쪽으로 간다 "

잠재의식은 거대한 우주의 모든 것에 걸쳐 있는 것이므로 크다고 해서 이용하기 어려운 건 아니다. 40만 톤의 거선이라 할지라도 조그마한 선장의 지시에 따라 움직이는 것과 같다.

사실상 산처럼 큰 배가 생각대로 움직여주는 것은 움직여보는 사람밖에는 그 절묘한 기분을 실감하지 못할 것이다.

이때 자기가 움직이는 핸들이 어떠한 기구에 연결되어 배를 움직이게 하는가는 일일이 알 필요는 없다. 예를 들어보면, 수년 전 크리스마스 이브에 한 여대생이 고급 양품점 쇼윈도에서 멋지고 값비싼 여행 가방을 보았다. 여대생은 방학을 맞아 고향으로 가는 길이었다. 그 여대생은, "저 가방이 욕심이 나지만, 난 살 만한 여유가 없구나"라고 말하려 했지만, 그때 그녀는 머피 이론을 생각해냈다.

"부정적인 건 최후까지 말하지 말라. 곧 긍정으로 되바꿔야 한다. 그러면 잠재의식이라는 대기구가 작용하여 기적을 일으킨다."

그녀는 곧 마음을 돌렸다.

"저 가방을 내 것으로 받아들여야지. 그럼 나중엔 잠재의식이 발동하여 내 것으로 만들어지겠지."

크리스마스 이브 밤 11시. 그녀의 약혼자가 선물을 가져왔다. 그 포장 속에는 그녀가 그날 아침 쇼윈도에서 봤던 가방이 들어 있는 게 아닌가. 조그마한 핸들을 돌려보았더니 큰 배가 진짜로 움직여준 것이다. 이런 일을 우연한 것으로 생각하는 사람은 잠재의식이 무엇인지를 아직 모르는 사람이다.

6

자기 암시를 위한 시

승리를 얻기 위해서는
반드시 된다는 신념을 가져야 한다

자기 암시의 법칙은 평화와 번영을 가져오기도 하고, 비극과 실패와 죽음의 구렁텅이로 인간을 몰기도 한다. 모든 것은 우리의 잠재의식을 어떻게 활용하고 어떻게 이해하는가에 달려 있다.

만일 자기 자신이 공포, 의혹, 불신이라는 부정적 관념에 대하여 무한한 지성의 힘을 부여시켜 움직이게 한다면 자기 암시의 법칙은 불신의 정신을 우리의 마음에 심게 하고 그것이 우리의 육체에도 나타나고 행동에도 반영되고 마는 것이다.

인간의 창의를 살려서 목표의 달성을 도모하는 자기 암시의 시는 다음과 같다.

만일 당신이 패한다고 생각하면 당신은 패한다.

당신이 '어떻게 해서든지' 라고 생각하지 않으면

아무것도 성취하지 못한다.

당신이 이기고 싶다고 마음먹더라도

이기지 못할 것이라고 생각한다면

당신에게 승리는 오지 않을 것이다.

만일 당신이 적당히 한다면 당신은 적당히 실패한다.

우리가 이 세계에서 창조할 수 있는 것은

성공은 인간의 의지에 의하여 시작되고

모든 인간의 정신상태에 의하여 결정된다는 것이다.

만일 당신이 탈락자가 된다고 생각하면 그대로 된다.

당신이 성공할 것을 생각하면

승리를 얻기 전에 반드시 된다고 하는 신념을 가져야 할 것이다.

인생의 싸움은 언제나 강한 사람, 빠른 사람에게만

승리가 있는 것은 아니다.

조만간에 승리를 획득하는 사람은

'나는 할 수 있다' 고 생각하는 신념

곧 신념을 가진 사람인 것이다.

– 나폴레온 힐–

나폴레온 힐 1908년 신출 기자로서 앤드류 카네기의 요청으로 모든 사람들이 활용할 수 있는 성공비결 체계화에 착수. 20년 후 PMA프로그램 처음 기획(1928년) 그 실천의 유효성을 검토. 1960년 PMA프로그램 완성. 윌슨 대통령 홍보담당 비서관, 루스벨트 대통령 고문관 역임. 강연가와 대부호로 명성을 남기고 나폴레온 힐 재단 설립. 1970년 80세를 일기로사망.

7

암시의 장

언제나 가능성만을 믿고
목적을 향해 심혈을 기울인다

이 장은 필히 암기한 후 항상 되풀이해야 한다.

❝ 자기 맹서 ❞

이 목숨 하느님께 바칩니다.
이 목숨 인류에게 바칩니다.
이 목숨 민족에게 바칩니다.
피를 말리는 안타까운 일이 있어도 실천한다.
뼈를 깎는 어려움이 있어도 약속은 지켜야 한다.
말하고 실천하며 노력하는 사람이 되자.

믿고 실천하는 사람이 되자.

언제나 소망과 희망을 주는 사람이 되자.

언제나 믿음과 신념을 주는 사람이 되자.

하늘은 스스로 돕는 자를 돕는다.

지도자는 고난을 이겨야 한다.

지도자는 시험을 이겨야 한다.

지도자는 외로움을 이겨야 한다.

자기는 자기가 만들며 커다란 마음을 갖자.

자기를 이기는 자는 한 도시를 지배하는 것보다 위대하다.

외나무다리는 두 사람이 갈 수 없다.

할 수 있다고 생각하면 할 수 있다.

마음의 불안을 극복하는 기원 및 암시 방법

앞으로 나는 훨씬 상쾌한 기분을 느낄 것이다.

즐거움, 행복, 재활 등이 이제 비로소 나의 정상적인 정신 상태에 이르기 시작하고 있다.

날이 갈수록 나는 모든 사람들로부터 사랑을 받는 몸이 되고 이해할 줄 아는 인간이 되어간다.

나는 이제 내 주위의 모든 사람들에게 밝은 마음과 선의를 가진 인물이 되고, 그들 또한 나와 같이 되도록 이런 마음을 전해줄 것이다. 행복하고, 즐겁고, 쾌활한 이 기분, 이와 같은 기분이 나의 일반적이며 자연스런 정신 상태로 변모하고 있다.

나는 이것에 감사한다.

(아침, 점심, 저녁 3~5회씩 꼭 암송할 것)

아침에 일어나서부터 출근하여 자리에 앉기까지

나는 오늘 행복을 선택한다.
나는 오늘 성공을 선택한다.
나는 오늘 적절한 행위를 선택한다.
나는 오늘 모두에게 사랑과 선의와 웃음을 선택한다.
나는 오늘 평화를 선택한다.

잠자리에서 잠들 때까지 계속 반복

나는 파멸적인 나의 습관으로부터 완전히 벗어나 자유와 조화와 마음의 평화가 모든 것을 지배하고 있다.

나는 강하다. 나는 행복하다. 나에게는 설득력이 있다. 나는 친절하다. 나는 멋이 있다. 나는 순조롭다.

나는 건강하며 튼튼하다. 힘이 있고 애정이 있으며 따라서 조화롭고 행복하다.

내가 믿든지 안 믿든지 그것이 나에게는 진실이다.

‘ 자기 다짐 반복 ’

(10번까지 외워서 강하게 계속 반복하시오.)

- 이제부터 나는 매사에 자신이 넘친다.
- 용기가 솟는다. 마음이 매우 대담해진다.
- 이젠 세상에 두려울 것이 아무것도 없다.
- 나는 목적을 향해 힘차게 전진한다.
- 사람이 두렵지 않다. 무섭지 않다. 부끄럽지 않다.
- 결코 망설이지 않는다.
- 항상 마음은 자신과 용기가 치솟는다.
- 언제나 가능성을 믿고 목적을 향해 심혈을 기울인다.
- 마음에 뜻을 둔 일은 즉각 행동으로 취한다.
- 이젠 어떠한 난관도 뚫고 나갈수 있다.

아, 훌륭하다. 아, 훌륭하다. 신념의 인간 ○○○는 정말 훌륭하
구나! (○○○안에 자신의 이름을 넣는다.)

성공이란 계속 노력하는 사람들에 의하여 달성되고 유지된다.
성공을 하기 위해서는 실패도 피해서는 안 된다. 아는 것은 행동을

하는 것의 시작이요, 행동하는 것은 아는 것의 완성이라고 왕양명
은 설파했다.

❛ 암기하여 큰 소리로 외칠 것 ❜

나는 하나다.

나는 나 혼자뿐이다.

우리가 할 수 있는 것은 많다.

할 것은 하겠다. 하고야 말겠다.

기회는 왔다. 할 말은 해보자.

나에게는 신념과 용기와 열정이 있다.

6장

신념의 힘

1
당신에게도 신념은 있다

신념은 인간을 살리는 길이다
신념이 없다면 좌절만을 초래할 뿐이다

신념이란 생각하는 방식이다. 물론 당신에게도 신념이 있다. 하지만 그 신념은 부정적인 것일까, 긍정적인 것일까. 자기에게 최악의 일이 일어나고 있다고 믿고 있는 것은 아닐까? 병, 불운, 육체적인 쇠약, 빈곤, 고독을 체험하며 불행에 찬 일생을 보내고 있다고 믿고 있는 것은 아닐까? 의문, 두려움, 근심을 마음속에 간직하고 있는 것은 아닐까?

아니면 건강, 성공, 우정과 애정, 기쁨과 모험에 찬 일생을 보내고 있다고 믿고 있는 것일까?

자신감과 낙관주의를 바탕으로 미래에 대한 긍정적인 신념과 인생에 대한 바위와도 같은 흔들리지 않는 신념을 갖고 있는 것일까?

신념과 신앙은 부정적이냐 아니냐의 어느 한쪽에 속할 뿐이다. 그것을 선택하는 것은 바로 당신이다.

윌리엄 제임스는 "신념은 인간을 살리는 힘의 하나이다. 신념이 전혀 없다는 것은 인간으로서의 붕괴를 뜻한다"고 역설했다.

그날그날 부딪치는 문제에 신념을 가지고 대처하는 것이 내일을 구축하는 토대가 된다. 그렇게 함으로써 마음속에 불굴의 정신이 키워져 그런 정신 밑에서 정신적 보상작용의 법칙—목적을 향한 강한 추구가 정신에 이입되면 그것을 이루려는 정신작용—이 힘을 발휘하기 때문이다.

미국의 작가이며 사상가인 에머슨이 다음과 같은 글을 쓸 때에 느낀 것도 아마 그와 같았을 것이다.

"사물의 모든 추세는 우리들에게 신앙이 필요하다는 것을 가르치고 있다. 우리들이 할 일은 다만 따르는 것뿐이다. 당신 속에 생명이 되어 흘러가는 힘과 지혜의 흐름 속에 당신을 맡겨보라. 그 흐름의 중심에 당신을 놓아두라. 그렇게 하면 노력하지 않더라도 진리와 정의 그리고 완전한 만족에 도달하게 될 것이다."

2
회의가 아닌 신념의 인간이 되어라

신념은 확고한 행동의 밑바탕이며,
태산과 바다까지 움직일 수 있는 위대함을 낳는 모체이다

인간답게 산다는 것은 과연 어떻게 살아가는 것일까? 그것은 신념을 가지고 살아간다는 것이다.

우리는 인생을 여유 있게 살아야 한다. 굳건한 자세로 씩씩하게 살아야 한다. 그러기 위해서는 신념이 필요하다. 신념은 곧 힘이다. 지식은 힘이라고 철학자 베이컨은 말했다. 그러나 신념은 그보다 더 큰 힘이다.

신념은 힘의 원천이요, 힘은 신념의 산물이다. 신념은 지식과는 다르다. 지식은 단지 아는 것에 불과하나 신념은 믿는 것이다. 신념은 불확실한 것을 확신하는 것이요, 가능성에 대한 확신이다. 또한 그것은 옳다는 믿음이요, 나는 할 수 있다는 강한 자기 암시다.

회의주의는 현대의 하나의 사조이다. 많은 현대인은 신념 없이 살아간다. 회의의 어두운 안개가 현대인을 에워싸고 있다. 이것은 불행한 일이다.

그러나 우리는 회의의 인간이 아니라 신념의 인간이 되어야 한다. 신념은 산을 움직인다고 하는 영국의 격언도 있다. 신념의 힘은 산만 움직이는 것이 아니라 세계도 움직이고 역사도 움직인다.

모든 위대한 사건은 신념의 산물이다. 사회 혁명, 과학의 대발명, 지리상의 대발견, 역사의 대업 등 모든 위대함의 근본은 바로 신념이다. 종교적 신앙이건 도덕적 신념이건 생활과 행동의 신조이건 간에 인간은 어떤 신념을 갖고 살아야 한다.

하느님이나 부처를 믿건 혹은 자기의 양심을 믿건 간에 사람은 소신이 있어야 한다. 확고한 소신처럼 중요한 것은 없다. 신념에서 나오는 말이 우리의 심금을 울린다. 신념에서 나오는 행동이 큰 힘을 발휘한다. 회의주의자의 언어나 행동은 마음을 감동시키지 못한다.

뜻과 신념이 있는 사람만이 반드시 원하는 일을 이루고야 만다.

『논어』에 군자는 인생의 근본을 위해 힘쓰는데, 근본이 확립되면 방법과 길은 저절로 생긴다는 글이 나온다.

"스스로 돌이켜보고 옳다고 믿으면 만인이 반대할지라도 나는 나의 길을 가겠다"고 맹자는 외쳤다. 만인이 반대해도 나의 길을 늠름하게 가는 그 용기가 어디서 생기는가. 그것은 바로 신념의 산물이다.

『자유론』의 저자 존 스튜어트 밀은 "살찐 돼지가 되기보다는 야윈 소크라테스가 되겠다"고 말했다. 자기의 신념을 버리고 무사안일의 삶을 사는 것보다 생활의 어려움이 따른다 하더라도 신념을 가지고 꿋꿋이 살라는 말이다. 인간답게 산다는 것은 마음속에 무엇인가 확고한 소신을 가지고 사는 것이다. 흔들리지 않는 마음으로 살아가는 것이다.

공자는 무신불립(無信不立)이라고 했다. 이 말은 원래 신용이 없으면 살 수 없다는 뜻이다. 사회적 공신력을 상실하면 세상에서 살수 없다는 것이다.

나는 이 말을 달리 해석해본다. 신념이 없으면 설 수 없다는 것이다. 인간이 아무 신념이 없을 때 그는 이 세상을 늠름하게 서서 씩씩하게 살아갈 수 없다. 우리는 철석 같은 신념 위에 굳건히 서서 살아야 한다. 그것이 인간답게 사는 것이므로.

3

내가 변하면 상대도 변한다

무능력과 열등감에 사로잡혀 있다면
모든 것에 적극적인 사고를 갖도록 하라

❝자신감을 가져라❞

"사람은 실패가 아니라 성공하기 위해서 태어났다"고 미국의 사상가이자 수필가인 소로가 말했다. 또 에머슨은 "자신감은 성공의 첫 번째 비결이다"라고 말했다.

그러나 수많은 사람들이 자기 자신을 신용하지 않고 있다.

사람들은 자기 불신 때문에 고통을 당할 뿐만 아니라 자신들의 생애를 망치고 있다. 스스로 무능력하다고 자신을 과소평가하고 열등감에 사로잡혀 있는 자들이 수없이 많다. 그러므로 어디서나 불신풍조를 찾아볼 수가 있다.

그러나 절망감에 사로잡혀 불가능에 무릎을 꿇었다 할지라도 스스로를 믿도록 자신을 이끈다면 자신감은 되살아날 수 있다. 이런 자신감의 회복은 언제 어디서나 매사를 밝게 생각하면 가능하다. 그리고 매사가 잘될 것이라는 믿음을 가져야 한다. 그것이 중요하다. 자신을 신용한다면 어떤 어려운 일도 헤쳐나갈 수가 있다.

자기를 신용하는 자는 성공의 첫 번째 비결을 가진 것이다. 그러므로 자신을 믿어라. 자신감을 가져라.

사람들은 자신이 어떤 일을 감당할 수 있다고 생각할 때 실제로 위대한 일을 할 수가 있다. 자기 자신을 신용할 줄 알고 신에 버금가는 능력을 가진 자는 인류의 참 재산이다. 왜냐하면 그들은 자신감이 부족한 자에게 성공의 첫걸음인 자신감을 안겨주기 때문이다.

결사적으로 대결하라

모든 운동 경기는 결사적 대결이다. 어찌 운동 경기뿐이랴. 우리의 삶 자체가 결사적 대결이나 전력 투구를 하지 않고서는 우리의 생은 더욱 왜소하게 느껴질 뿐만 아니라, 자칫하면 허무주의 사상에 사로잡혀 자신에 대한 불신과 원망 속에서 삶을 무의미하게 보낼 수도 있다.

나는 스스로 신념의 사나이라고 자부한다. 이런 나 자신도 수년 동안 형편없는 인간이었다. 나는 육체적으로 불구자였을 뿐 아니라 소심병자였다. 또 불평분자였다. 나는 인생이 불공평하다고 생각하면서 때를 기다리고 있었다.

그러나 때는 결코 찾아오지 않았다. 나는 자신감과 신념을 다 상실했었다. 나에게는 미래도 있을 수 없다는 것을 알았다. 그런데 우연히 인생은 기다리는 것이 아니라 창조하고 찾아가는 것이라는 말을 깨닫게 되었다.

씨를 심어야 거둘 수 있고, 주어야 받을 수 있다는 것을 알았다. 우리는 모두 스스로 이렇게 자문해봐야 한다.

'정말 나는 자신을 믿고 있는가?'

왜냐하면 신념을 가진 자만이 인생에서 승리자가 되기 때문이다. 이것만이 아니다. 나는 단순한 자기 신뢰자였다. 신념만으로는 승리할 수 없다. 그 후 나는 또 다른 사실을 발견했다. 나는 전심전력을 다해서 공부하고 일하고 행동하기로 결심했다. 간단히 말해서 신념만으로는 성공할 수 없었기 때문에 행동을 같이 하기로 한 것이다.

나는 '신념과 행동'을 나의 신조로 삼고 일했다.

행동이 없는 신념은 죽은 신념이다.

다시 말해서 신념과 행동은 필승의 공식이다. 그래서 나는 행동하기로 결심하고 평소보다 한 시간 일찍 일어났다. '오늘은 일을 일답게 해보자'라고 큰 소리로 혼자서 말하고 그날 하루 종일 그렇게 일했다. 세상이 달리 보였다. 나는 놀랐다. 나는 지금까지 어리석은 자세로 살아왔다는 것을 뼈저리게 느꼈다. 그러고 나니 발걸음도 가벼웠다. 나는 그동안 스스로를 불신했지만 그때부터 매사에 적극적인 사람이 되었고 모든 것이 다르게 보였다. 왜냐하면 내 자신이 달라졌기 때문이다.

당신도 사물이 달라지기를 원한다면 당신 자신부터 달라져야 한다. 자신을 믿고, 스스로가 일을 처리할 수 있는 능력 있는 사람이라고 확신하라. 자신감을 가지려면 마음을 알아야 한다. '마음이 전부다'라는 말이 있다. 마음먹기에 따라서 미래가 결정되는 것이다.

나는 자신에 대한 신뢰감을 모두 상실한 사람이었다. 나는 수년 동안 직업을 변경했으나 번번이 실패만 거듭했었다. 그러나 나는 굴복하지 않고 실망하지 않고 합리화하지 않고 나의 생애에 대한 새로운 각오로 도전했던 것이다.

퇴폐적인 정신 자세를 버리고 새 사람이 되었다. 그로부터 인간 관계가 순조롭게 되었고 웅변가가 되려는 꿈을 꾸게 되었다. 그리고 마음속에 새겨온 이상인 신념대학도 만들어 많은 사람에게 인생을 변화시키는 신념에 대해서 교육하기도 했다. 앞으로도 신념을 갖고 삶에 전력투구할 것이다.

신념의 강화

최악의 사태에 직면했을지라도
모든 가능성을 총동원하면 문제를 해결할 수 있다

　인간이란 위대한 가능성의 존재다. 인류의 역사가 증언해주고
있듯이 그들 앞에 불가능은 없었고 또 앞으로 어디까지 발전할 것
인가에 대해서 추측조차 할 수 없는 것이 우리 인간이기도 하다.

　이것이 사실이라면 우리는 신념을 여러 가지 긍정적인 방향으로
움직여야 할 의무와 동시에 권리가 부여된다.

　'하면 된다'는 사실을 실감하는 사람은 이 점에 비추어 행복한 사
람이다. 그러한 신념이 그들로 하여금 투지와 끈기를 자아내게 하
고 언젠가는 목표를 달성하게 만드는 원동력이 되는 것이다.

　이러한 것을 목표로 하여 신념의 기초는 어떠한 것이며, 어떻게
하면 강화시킬 수 있는지에 대해 살펴보기로 한다.

우리는 일을 추진하다 잘 안 되면 목표를 방관하는 경우가 너무나도 많다. 그리고 '이것은 절대로 안 된다'는 부정적 관념에 사로잡혀 목표를 외면해버린다.

그러나 잘 생각해보면 우리가 올바르게 생각하고 목표로 삼는 것 중에서 실현 불가능한 것이 과연 있을 수 있는가를 살펴보자.

안 된다고 생각하는 것은 '지금까지의 방법으로 안 되는 것'이든가, '지금 당장 안 되는 것' 또는 '나 혼자서는 안 되는 것'일 뿐이라고 볼 수도 있다.

따라서 무슨 일이든지 일의 가능성에 대하여 의문이 생길 경우에는 '다른 방법으로 될 수 없는가, 미래에도 전혀 불가능한 것인가, 타인의 협력을 구해도 안 되는 것인가' 등에 대해서 생각하는 관점을 확대시켜 볼 필요가 있다.

즉 주어진 사태를 여러 가지 가능성의 방법을 동원하여 생각하는 것은 문제 해결의 구체적 방법이 될 수 있다.

5

온 마음으로 최선을 다하라

반 마음을 가진 자라도 온 마음을 갖도록
노력하고 행동하며 최선을 다해라

사랑은 아무리 어려운 환경에 처해 있을지라도 포기한다거나 패배자의 자세를 취해서는 안 된다. 자극만 받는다면 얼마든지 발휘할 수 있는 잠재력이 인간의 마음속에 있기 때문이다. 그러나 충분한 능력을 가지고 있음에도 불구하고 전진하지 못하는 자들이 의외로 많다. '온 마음'보다 '반 마음'만 발휘하기 때문이다.

다시 말해서 어떤 일을 항상 최선을 다해서 처리하지 않고 기분대로 적당히 처리하기 때문이다.

각 분야에서 뛰어난 업적을 세우는 사람들은 반 마음이 아니라 온 마음으로 최선을 다해서 맡은 바 일을 완수하는 사람들이다. 반 마음을 가진 자들도 자극을 받으면 온 마음을 가진 자가 되어 큰

180

일을 해내게 된다. 큰 의욕과 욕망으로 큰 목표를 달성하게 되는 것이다.

❝ 반 마음짜리 인간 ❞

당신이 알다시피 수많은 사람들은 반 마음짜리 인간이다. 바로 그것이 문제인데, 이는 마음속에 두 마음을 품기 때문이다. 엇갈린 마음을 가진 자는 아무 일도 성취할 수 없다.

이것을 알아야만 당신도 당신의 약점을 고칠 수가 있다.

당신의 경우는 반 마음을 작동시키고 있으나 나머지 반 마음을 작동시키지 않고 있다. 당신은 일을 기분대로 처리한다 그것은 자신감이 부족한 탓이다.

기회를 두려워하지 말라. 성공하려면 기회를 포착해야 한다. 따라서 당신의 반 마음도 작동시켜 온 마음으로 일을 하도록 하라.

당신이 지금 작동시키고 있는 마음은 아이디어를 주는 진짜 당신이요, 강인한 당신이다. 그러나 작동시키지 않는 반 마음은 당신을 패배로 이끈다. 후자는 항상 실패를 조장하고 행동하지 못하도록 핑계나 이유만을 주장하게 한다. 행동하는 자보다 행동하지 않는 자가 더 말이 많은 법이다. 행동하지 않고서는 마음이 무엇인지 결과가 무엇인지를 알 수가 없기 때문이다. 행동하는 자만이 승리할 수 있다.

행동하려면 자극을 받아야 한다. 당신의 약점을, 허약함을, 나약함을 고치려면 당신은 반 마음의 자세를 버리고 온 마음의 자세로 오늘 해야 할 일에 최선을 다해야 할 것이다. 지금까지 당신은 반 마음의 자세로 살아왔다. 지금부터 당신은 온 마음의 자세로 매사를 대하고 공격하라. 그렇게 하려면 용기와 신념이 필요하다. 그러나 행동하지 않으면 아무것도 얻을 수 없다는 것을 명심하라.

주저하거나 실망해서도 안 된다. 또한 망설여서도 안 된다. 지금 당장 행동에 옮겨라. 해야 할 일을 뒤로 미루면 성공과 거리가 먼 인간이 되고 만다. 풀린 나사를 조여서 앞으로 전진해 나가라. 인간은 전진하도록 창조되었다. 결코 후퇴하도록 창조되지는 않았다.

윌리엄 제임스는 이렇게 말했다.

"주저하는 버릇이 있는 사람보다 더 비참한 사람은 이 세상에 없다."

따라서 언제나 온 마음짜리 인간이 되도록 노력하라. 아이디어가 생기면 즉시 행동으로 옮기는 버릇을 길러라. 강한 자극을 받고 행동해 본 경험이 있는 자는 자극의 중요성을 알게 된다. 자극을 받지 않으면 현실에 만족해버린다.

현실에 만족한다는 것은 전진이 아니라 퇴보를 의미한다. 자극의 힘을 알고 행동하는 자만이 미래가 약속되는 것이다.

그러므로 자극을 받으려면 마음의 문을 열고 수많은 아이디어를 받아들여라. 자극을 받아야 정신을 똑바로 차리고 문제에 도전하여 해결할 수가 있게 된다.

자극을 받기 위해 아이디어를 얻으려면 명사들의 전기를 읽으면 좋다. 그리고 행동하도록 자극하는 교양서적들을 읽으면 좋다.

또한 뛰어난 업적을 가진 사람들과 사귀어 그들과 이야기하라. 또한 그들의 아이디어를 받아들이고 그들의 방법과 경험을 연구하라. 특히 그들의 고귀한 정신력을 받아들여 계발시켜라. 정신이 강해야 모든 일을 자신감 있게 처리하게 된다. 힘내어 일을 성실히 처리하라.

불 같은 마음을 가지고 일하라. 그러면 일에 재미를 느낄 것이다.

사고방식을 변화시키면 당신은 정신적으로 성숙한 인간이 된다. 흥미 있는 자세로 일을 하면 어떤 일이든지 흥미 있는 일로 보이게 된다.

신념의 힘을 발휘하는 방법

자기 신뢰가 성공의 첫걸음이다
당신 자신을 먼저 신용하라

다음에 서술하는 것은 신념의 힘을 몸에 익히고 그것을 강화시키는 길잡이다.

> ❝ 성공을 생각하고, 실패는 생각하지 말라 ❞

일을 하고 있을 때에는 실패를 생각하지 말고 성공을 생각하라. 곤란한 처지에 직면했을 때에는 '바보짓을 할지도 모른다'고 생각지 말고 '이길 수 있다'고 생각하라. 누군가와 경쟁을 하고 있을 때에는 '질지도 모른다'고 생각하지 말고 '나야말로 1위를 한다'고 생각하라.

기회가 찾아오면 '할 수 없다'고 생각하지 말고 '나는 그것을 충분히 해낼 수 있다'고 생각하라.

'나는 성공한다'는 기본적인 사고방식으로 당신의 생각을 일관해야 한다. 성공을 생각하면 당신의 마음은 성공을 낳을 계획을 만드는 조건을 갖출 수 있지만 실패를 생각하면 정반대의 현상을 낳는다. 실패를 생각하면 당신의 실패를 낳는 생각을 기르는 조건을 갖추게 되므로 정말 실패할지도 모른다.

❛스스로 생각하는 것보다 훨씬 훌륭하다는 긍지를 가져라❜

성공한 사람은 결코 슈퍼맨이 아니다. 성공은 초능력을 필요로 하는 것도 아니며 신비한 것도 아니다.

성공한 사람들이란 자기 자신과 자기가 하는 일에 신념을 가진 평범한 사람에 불과하다. 그러므로 결코 자기를 값싸게 팔아서는 안 된다.

또한 당신의 성공 규모는 신념의 규모에 의하여 정해진다. 작은 목표를 생각하면 작은 성공밖에 기대할 수 없다. 그러나 큰 목표를 생각하면 큰 성공이 이루어진다. 누구나 다 아는 사실이지만 잘 이루어지지 않으므로 머리에 새겨둘 필요가 있다.

'나는 할 수 있다. 나는 된다. 나는 한다.'

7
지금 곧 도움이 되는 신념의 마술

마음의 눈을 미래로 돌릴 수 있는
여유를 갖도록 노력하라

　이 책에 기술되어 있는 모든 것은 당신을 위해 움직여줄 것이다. 그러나 당신은 그 구절 하나하나를 완전히 이해할 수 있을 때까지 이 책을 되풀이해서 읽지 않으면 안 된다. 그러고 난 후 성심 성의 껏 그 원리와 기술을 자기 생활에 적용시키지 않으면 안 된다. 그것이 당신의 일상생활의 일부가 되어야 한다.

　당신이 여기에서 제공하고 있는 사고방식을 실행에 옮긴다면 그 것이 이제까지 그러했듯이, 그리고 이제부터도 그렇겠지만 당신에게 유용한 것임을 알게 될 것이다.

　당신이 정말 열심히만 한다면 이 모든 방식이 아주 간단하다는 것을 알게 될 것이다.

이 책을 완전히 연구하고 여기에 서술되어 있는 것을 잘 음미해 보면 당신은 그 사고의 되풀이와 적극적인 행동의 과학 안에 거대한 힘이 숨어 있다는 것을 알게 된다.

같은 사고를 몇 번이나 되풀이함으로써 당신은 자기를 위쪽으로도 아래쪽으로도 뜻대로 밀어낼 수 있다. 그것은 당신이 침체된 생각을 갖고 있는가, 건설적인 생각을 갖고 있는가에 따라 달라진다.

당신이 자신을 힘차게 단련시켜감에 따라 당신의 생각은 다른 사람에게도 영향을 미칠 수 있다는 것을 알게 될 것이다. 그러므로 당신의 힘을 악용하지 않도록 최대의 주의를 기울이지 않으면 안된다는 것을 나는 여기에서 되풀이하여 경고해두고 싶다.

당신의 마음을 좋은 쪽으로 그리고 건설적인 생각으로 채우도록 하라. 그런 다음에 어떤 아이디어가 떠오르면 갖고 있는 모든 에너지를 투입해서 그것을 실행한다. 뒤를 돌아다보아서는 안 된다. 당신은 자신이 이제까지 해 온 일을 잘 알고 있을 것이다.

이제부터 무엇을 하는가가 중요하다. 마음의 눈을 미래로 돌리고 단련시켜야 한다. 그곳은 당신의 기회가 기다리고 있는 영광의 나라이다. 당신에게 숨겨져 있는 창조력을 이끌어내는 일에 더욱더 숙달됨에 따라 당신의 직감력은 차차 당신의 미래를 꿰뚫어볼 수 있는 힘을 당신에게 부여하게 될 것이다.

당신은 이 세상에서 외톨이가 아니다. 당신은 자신에게 중요할 뿐만 아니라 친구, 사랑하는 가족, 살고 있는 지역사회, 나라에도 중요한 존재인 것이다.

아주 작은 것 하나 하나가 모여 큰 일을 해낼 수 있는 원동력이 된다. 그러므로 당신이 기울인 노력은 절대로 헛되지 않을 것이다. 당신의 일이나 책임이 무엇이든 매일 자기가 할 수 있는 최선의 일을 할 경우에는 당신은 자기 자신과 자기 주위의 상황을 개선하고 있는 것이다.

자기 내부에 존재하는 힘을 깨닫고 그것을 끌어내는 방법을 알도록 노력하자. 당신이 생활하고 있는 장소에서 당신의 영향력을 행사함으로써 당신의 역할을 다하고 있고, 다른 사람에게도 그들의 역할을 다하도록 자극을 주고 있는 것이다. 끊임없이 지속되고 있는 사고는 행동을 부르고 결과를 가져온다는 사실을 잊어선 안 된다. 그것을 행하고 실천해야 한다. 당신이 바르게 생각하고 있는 것을 매일 보여주고 다른 사람에게 모범을 보여야 한다.

이와 같은 실천에 도움이 되도록 나는 백 가지의 강력한 신념의 말을 준비해 두었다. 만일 그렇게 하고 싶다면 이 말을 카드에 적어두는 것도 좋다. 그중에서 당신이 필요한 말은 표시해둔다. 그 카드는 언제든 볼 수 있는 장소에 붙여두거나 또는 주머니에 넣고 다니면서 틈나는 대로 꺼내어 보는 것도 좋을 것이다.

이 신념의 말을 하루종일 마음에 떠올리도록 한다. 당신의 의식에 꼭 챙겨두어야 한다. 그날의 카드를 선택할 때 만약 2편이 좋겠다고 생각되면 이 카드를 섞었다가 그중에서 한 장만 빼내도 된다. 혹은 1에서 100까지 차례대로 쓰고 백 일의 프로그램이 끝나면 처음부터 다시 한 번 되풀이하는 것도 좋다.

당신 안에 숨어 있는 신념의 힘, 그것을 간결한 형태로 요약한 것을 다음에 열거한다.

신념의 말 100가지

1. 나는 몸도 마음도 완전히 여유 있는 자신에 차 있다.

2. 나는 자석처럼 좋은 것을 모두 내 쪽으로 끌어당기는 힘이 있다.

3. 나는 조용하고 침착하고 확신에 찬 안정된 감정 상태에 있다.

4. 나는 내가 하기 시작한 것을 내 능력껏 최선을 다하여 완성시키고 있다.

5. 나는 내가 하기에 가장 알맞은 것을 발견하고 발전시키기 위해 최선의 노력을 하고 있다.

6. 나는 어떤 경우라도 행운이 나에게 다가오고 있다는 것을 확신하고서 기다린다.

7. 나는 내 안에 숨어 있는 창조력을 신뢰하고 있다.

8. 나는 어떤 문제라도 스스로 해결할 수 있는 힘을 갖고 있다는 것을 알고 있으므로 강한 확신으로 미래에 대비하고 있다.

9. 나는 주위 사람들도 그 나름대로의 방법으로 나에게 봉사하고 있는 것을 알고 있으므로 내가 할 수 있는 한 최선을 다하여 그들에게 봉사하고 있다.

10. 나는 새로운 상황이 전개될 경우 호기심을 가지고 연구하는 습관을 가지려고 노력하고 있다.

11. 나는 내가 바라는 것을 마음에 굳건하게 계속 품음으로써 이 바람이 내

생활 안에서 실현되기 위해서 필요한 수단과 경험을 끌어당기고 있다는 것을 알고 있다.

12. 나는 전력을 다해 모든 공포와 불안을 의식에서 제거하고 있다.

13. 나는 과거의 과오를 없었던 것으로 하기 위해서 최선을 다하고, 동시에 이와 같은 과오를 다시는 되풀이하지 않겠다는 것을 결의하고 있다.

14. 나는 다른 사람에 대해 증오나 분노를 갖게 되면 오히려 많은 타격을 내가 받는다는 것을 알고 있으므로 그러한 증오나 분노를 모두 다 잊어 버리기로 하고 있다.

15. 나는 남들에게 저지른 나쁜 일에 대해서도 그것을 속죄하기 위해서 내가 할 수 있는 일을 다 하고 있다.

16. 나는 그 결과 내 마음이 나쁜 감정에서 해방되고 보다 행복하고, 보다 가치 있는 일에 전념할 수 있도록 다른 사람이 나에게 행한 잘못을 용서하고 있다.

17. 나는 어떤 것을 손에 넣으려고 노력을 계속하고 있는 동안 내가 마음속에 생각하거나 그리고 있는 것이 나에게 주어지지 않는 일은 절대로 있을 수 없다는 것을 알고 있다.

18. 나는 과거의 나쁜 생각이나 감정을 올바른 생각과 감정으로 대치할 수 있도록 내 의식에서 그것들을 깨끗이 씻어내고 있다.

19. 나는 해를 끼칠지도 모를 내 결점을 발견하고 제거하기 위해서 과거의 행동을 객관적으로 분석하고 있다.

20. 나는 지금 이 순간부터 공포가 내 생활의 어느 한 부분도 지배하는 것을 거부한다.

21. 나는 과거에도 당연히 그렇게 했어야 옳았다고 지금에 와서 생각하는 태도로 같은 상황에 대처하고 있는 자신을 생각하며 그리고 있다.

22. 나는 오래된 공포를 내 의식에서 근절시키고, 미래의 어떠한 시련이나 비상 사태에 대처할 수 있는 용기와 결단력 있는 새로운 사고습관을 만들어내고 있다.

23. 나는 공포란 마음의 상태에 지나지 않는다는 것을 끊임없이 자기 자신에게 말해주기 위해서 공포에 엄습 당할 것같이 생각될 때에는 언제든지 다음과 같은 신념의 말을 되풀이하고 있다. '공포가 문을 두드렸다. 신념이 문을 열었다. 거기에는 아무것도 없었다.'

24. 나는 언제든지 내 안에 숨어 있는 창조력의 원조와 지도와 보호를 받을 수 있다는 확신을 갖고 있다.

25. 나는 자신의 생각과 행동에 전적인 책임을 진다.

26. 나는 내 마음의 창조력에 대해서 그것이 내게 해주기 원하는 것을 확실한 명령으로 전하고 있다.

27. 나는 일단 결정을 내린 것이라도 그것이 잘못된 것을 알게 되면 언제든지 정정하고 있다.

28. 나는 내게 돌아오는 기회를 항상 이용할 수 있도록 시대의 물결에 뒤떨어지지 않게 전진하려고 노력하고 있다.

29. 나는 모든 것을 절제하는 것이 인생의 안전한 규칙임을 알고 있으므로 마음뿐만 아니라 몸도 조심하고 있다.

30. 나는 내 사고와 감정을 조절함으로써 다른 사람의 파괴적인 생각으로부터 나를 지키고 있다.

31. 나는 올바른 결정을 필요로 하는 중요한 사건이 일어났을 때는 자기의 의사를 결정하기 위한 강인한 결단력을 갖고 있다.

32. 나는 노여움, 두려움, 흥분 등 격렬한 감정이 나를 지배하고 육체의 화학 성분을 흩어지게 하는 것을 용서하지 않는다.

33. 나는 건강을 유지하기 위해 절제하며 식사, 음주, 노동, 휴식, 수면, 습관 등을 올바르게 가지려고 노력하고 있다.

34. 나는 마음의 치유력이 끊임없이 육체의 컨디션을 유지해주도록 매일 필요한 때는 언제든지 완전히 건강한 마음의 그림을 되풀이하여 상기해본다.

35. 나는 건강이라는 면에서 특별한 영상화를 필요로 하는 육체의 특별한 기관에 정신을 집중하고 있다.

36. 나는 내 안에 숨겨져 있는 창조력과 직감력의 인도에 따라 모든 질병이나 전염병의 위협으로부터 수호를 받고 있다는 것을 알고 있다.

37. 나는 매일 다음과 같은 활력을 불어넣어 주는 신념의 말을 되풀이하고 있다. '나는 육체적으로나 정신적으로 건강하고 행복하며 장래에도 이 상태가 계속될 것이다.'

38. 나는 기질이나 인생관, 감정뿐만 아니라 종교나 인종이나 정치 사상에 있어서도 자기와 견해가 다른 사람들과도 쾌히 적응할 수 있는 마음의 모든 준비가 되어 있다.

39. 나는 어떤 인종이나 어떤 시조의 사람들과도 친밀한 관계를 유지하는 유일한 길은 항상 '인종이나 신조가 아니라 그 사람 자체를 판단'하는 데에 있다는 것을 늘 염두에 두고 있다.

40. 나는 편견이나 선입견 없이 그 사람의 행동이나 태도를 잘 살펴서 그 사람이 그와 같은 생각을 갖고 있지 않다는 것이 증명될 때까지 어떠한 상황에서도 어떤 사람에 대해서도 의심스러운 점이 있으면 그것을 이해하는 방향으로 해석하기로 한다.

41. 나는 친구들이나 사랑하는 사람들과의 인간관계를 개선하기 위해 내가 그들 때문에 경험한 모든 과거의 불행했던 기억을 씻어버리려 하고 있다.

42. 나는 스스로 극복하지 못했던 것을 다른 사람이 극복해줄 수 없다는 사실을 잘 알고 있다.

43. 나는 다른 사람과 융화해가기 위해서는 그들의 결점에 관대하며 그것을 이해하고 용서해주지 않으면 안 된다는 것을 항상 염두에 두고 있다.

44. 나는 설령 다른 사람으로부터 의식적, 무의식적인 어떤 방해를 받더라도 내가 할 수 있고 또 해야 된다고 내면의 자아가 말해주는 것을 생명을 걸고 성취하려고 결심하고 있다.

45. 나는 이 순간부터 누구든 경제적 혹은 개인적으로 나를 지배하는 것을 용서하지 않을 것이며, 나도 그들을 지배하려고 생각하지 않는다. 왜냐하면 이와 같은 지배는 양자를 다 악화시킨다는 것을 잘 알고 있기 때문이다.

46. 나는 내가 하는 모든 일을 인내심을 갖고 참을성 있게 추진한다.

47. 나는 내가 하려고 결정한 일이 완성될 때까지 한 번 내린 결정에 충실한다.

48. 나는 좋은 일만을 기대하며 좋은 일이 일어나기만을 마음에 생각하고

그리고 있다.

49. 나는 내가 뒤질지도 모를 사람에게 지배를 받는 상태에서 빠져나올 논리적이며 명확한 방법을 즉시 계획하기 시작하고 있다.

50. 나는 부모나 그 밖의 육친이나 친구에게 지배당하는 것을 이제는 허용하지 않는다. 나는 독립된 자아이기 때문이다.

51. 나는 친척을 돌봐줄 필요가 있을 때는 돌볼 책임을 지지만, 동시에 될 수 있는 대로 기분 좋게 그런 부담을 나누어 가질 수 있도록 다른 친척도 이 책임의 일부를 져달라고 부탁한다.

52. 나는 어떤 친구와 친척에 대해서도 그들로부터 자유의 권리를 빼앗는 결과가 되는 나의 의무감을 강요하지 않는다.

53. 나는 그 사람에 대해서 의무를 느낀다든가, 당연히 나에게 그것을 강요할 권리가 있다고 생각되는 사람에 대해서는 '자기가 자유롭기 위해서는 먼저 상대방을 자유롭게 하지 않으면 안 된다'고 하는 태도를 취하고 있다.

54. 나는 제일 하고 싶거나 갖고 싶거나 그렇게 되고 싶다고 생각하는 것을 내 의사로 결정할 수 있는 능력이 있으며, 의사의 자유와 선택의 자유를 완전히 갖고 있는 자유롭고 독립적인 존재이다.

55. 나는 만약 커다란 행복, 건강, 번영을 바란다면 올바르게 표현된 사람의 힘이 절대로 필요하다는 것을 늘 명심하고 있다.

56. 나는 모든 활동이나 교제를 할 때 무엇보다 사랑으로써 능란하게 표현할 수 있도록 조심하고 있다.

57. 나는 사랑을 받음으로써 행복하게 되고 육체적, 정신적, 감정적으로 균형이 잡히기 위해서는 먼저 사랑하지 않으면 안 된다는 것을 알고 있다.

58. 나는 부부관계는 평등한 관계이며, 사랑을 주고받는 것이 그 기초임을 잊지 않으며, 배우자의 권리와 의식을 존중한다.

59. 나는(결혼했거나 독신이건 간에) 사랑과 행복한 생활을 끊임없이 생각하고 그리고 있다. 왜냐하면 사랑은 이 우주 안에서 가장 크고, 가장 멋있고, 가장 활력을 불어넣어 주는 힘이며, 사랑은 실로 인생 그 자체임을 알고 있기 때문이다.

60. 나는 어떤 사람에 대해서도 나의 인격을 표현하는 데 차별을 두지 않는다. 왜냐하면 나는 내 인격을 보다 완전하게 표현하여 누구를 대하든 같은 정도의 마음의 창조력을 갖고 있기 때문이다.

61. 나는 남의 허물을 들추어내거나 타인에게 공개하지 않으려 노력하고 있다.

62. 나는 사람 앞에서 침착하고 유유자적한 태도를 지닐 수 있는 능력이 있다.

63. 나는 자폐성, 열등감, 내성적인 태도, 겁에 질리는 등의 감정을 극복하여 보다 분별력이 있고 매력적인 인품이 되기 위해 노력하고 있다.

64. 나는 다른 사람과 비교해서 내가 뒤졌다고는 생각하지 않는다.

65. 나는 대중 앞에 나갔을 때도 내 자신을 자유롭게 자신감을 갖고 표현하고 있다.

66. 나는 외관을 잘 보이게 하기 위해서 입는 옷이나 위생 등에 많은 주의를 기울이고 있다.

67. 나는 신념은 곤란을 극복하기 위해서 취해야 할 최선의 태도라고 생각하므로 어떠한 상황에 직면하더라도 낙천적이며 활기찬 입장을 취한다.

68. 나는 새로운 사람과 만나면 사이좋은 관계가 되도록 내 가면을 벗으며, 되도록 많은 사람들과 사귀려고 한다.

69. 나는 필요하다고 생각될 때에는 다른 사람에게 기꺼이 봉사하고 있다.

70. 나는 자기 자랑이나 업적을 늘어놓고 싶다는 유혹을 물리치기 위해서 자연스럽고 성실한 사람이 되리라고 결심하고 있다.

71. 나는 경제적인 손실을 자신에게 끌어들이는 의식을 갖지 않기 위해서 한계나 빈곤 따위의 모든 공포를 마음에서 제거하고 있다.

72. 나는 필요한 돈을 손에 넣으면 새로운 지위나 승진 혹은 이 돈으로 다시 돈을 벌 수 있는 기회를 자기에게 끌어당기고 있다는 마음의 그림을 그린다.

73. 나는 돈을 벌 수 있는 능력을 갖고 있으며, 더구나 내 특별한 재능이 필요한 사람들과 어울리는 것을 습관적으로 하고 있다.

74. 나는 모든 것이 모여서 재정적으로 나를 윤택하게 해준다는 것을 마음에 그리고 있다. 그리고 모든 일이 잘 되리라는 신념을 갖고 있다.

75. 나는 돈이 될 수 있는 가능성과 기회가 풍부한 자신을 마음에 생각하며 그리고 있다.

76. 나는 돈을 손에 넣기 위해 가지지 않으면 안 될 능력과 기술을 지니기 위해서 모든 노력을 하고 있다.

77. 나는 필요와 욕망에 부응하여 모든 선의의 출처에서 돈이 내게로 흘러들어오는 것을 마음에 생각하고 그리고 있다.

78. 나는 창조력이 작용하는 청사진을 가질 수 있도록 이 세상에서 내가 하고 싶고, 되고 싶은 것을 마음에 그리고, 마음속에서 그것이 이미 달성되

어 있다고 스스로 느끼게 하고 있다.

79. 나는 그 위에 내가 원하는 것의 그림을 투영할 수 있도록 내 어두운 마음의 방에 스크린을 그리며 이와 같은 스크린이 있다는 것을 마음에 느끼고 있다.

80. 나는 내가 바라는 것을 마음의 그림에 그리고, 결국은 영상화한 목표에 도달하기 위해 올바른 전진을 할 수 있도록 내 안에 숨어 있는 창조력의 인도를 받고 있다고 하는 강한 신념과 자신감을 갖고 일상의 일을 부지런히 하여 그려진 방향에 모든 노력을 쏟는다.

81. 나는 시간과 공간의 한계를 갖지 않는 잠재의식은 내가 마음에 생각하고 그리는 것을 실현하기 위해서 필요한 모든 요소나 필요한 사람들이 있는 곳에 도달하고 관계를 맺는 일을 할 수 있다는 것을 알고 있다.

82. 나는 내 안에 숨어 있는 창조하는 힘을 작용시키는 내 능력에 자신을 갖고 있다.

83. 나는 마음속으로 생각하고 그린 인생의 목표에 자신을 갖고 있다.

84. 나는 어려운 문제에 잘 대처하고 그것을 올바로 해결할 수 있다는 자신을 갖고 있다.

85. 나의 미래는 내 것이며, 그것을 내 뜻대로 할 수 있다는 데에 자신을 갖고 있다.

86. 나는 할 수 없다고 하는 말을 의식에서 영원히 제거했다.

87. 나는 내가 올바른 때에 올바른 장소에 있을 것이라는 것, 나를 올바른 기회, 환경, 수단으로 인도해주는 힘을 갖고 있는 진실한 사람을 만나리라는 것과 내가 바라는 진정한 결과를 가져다주는 올바른 행동을 하도

록 인도를 받으리라는 것을 늘 마음에 생각하고 그리고 있다.

88. 나는 신념의 힘을 소유하고 있으며, 내 안에 있는 이 창조력을 전면적으로 활용하기 위해서 모든 노력을 기울이고 있다.

89. 나는 모든 가치 없는 생각은 그것이 일어나거나 기억해냈을 때는 즉시 의식에서 떨쳐 버리기로 했다. 그리고 이제부터는 유용한 것과 내게 보다 큰 행복, 건강, 안전, 마음의 평화를 가져올 수 있는 것에만 정신을 집중하기로 하고 있다.

90. 나는 부정적인 상태에 직면했을 경우에는 적극적이며 낙관적인 마음가짐을 갖기로 했다.

91. 나는 공포와 고민을 용기와 신념으로 대치하고 있다.

92. 나는 어떠한 역경에 처하더라도 이전에 그러했듯이 그것이 나를 혼란에 빠뜨리는 것을 절대로 용납하지 않기로 하고 있다.

93. 나는 좋은 일이 일어나고 있다는 것을 마음에 생각하고 진지한 노력으로 이 좋은 마음의 그림을 뒷받침하고 있다.

94. 나는 자기의 감정을 잘 조절하면 내 안에 있는 창조력이 나를 인도하고 지켜준다는 것을 알고 있다.

95. 나는 인생의 장애나 문제점을 극복함에 있어 자신도 다른 사람이 했거나 지금 하고 있는 일을 할 수 있다는 것을 알고 있다.

96. 나는 모든 일이나 모든 사람들을 향해 적극적인 태도를 지속시키면 내가 바라는 행복, 건강, 좋은 것은 모두 머지않아 내게도 온다는 것을 믿고 있다.

97. 나는 내게 불리한 상태가 아무리 크게 보이더라도 절망이나 낙담이나

패배에 빠지지 않는다는 것을 지금 선언한다.

98. 나는 매일매일을 잘 지내는 힘, 내가 얻은 조그마한 하나하나의 승리에
    감사하고 있다.

99. 나는 내 안에 숨어 있는 무한한 지력을 믿으며 나의 미래에 절대적인 신
    념을 갖고 있음을 지금 선언한다.

100. 할 수 있다고 생각하면 할 수 있다.

7장

자신감을
키우는 법

1
자신감을 구축하는 방법

첫째는 열등감을 없애고, 자기의 재능과 특기를 바르게 평가한다

마음속에 자신감을 구축하는 것은 암흑가를 모조리 소탕하는 계획과 같다고 할 수 있다. 우선 중압감을 느껴왔던 어둡고 지저분한 지금까지의 열등감을 지워버려야 한다. 그런 다음에 새로운 자신을 구축하여 이것을 다지면 새로운 기회와 일이 계속 들어오게 된다. 다음에 나열한 것은 보다 강한 자신을 가꾸기 위한 실제적인 지침이다.

〝 열등감 분석 〞

자신이 지닌 열등감이 합당한지 아닌지를 먼저 생각해보자. 만약 합당한 것이라면 그 진원지까지 거슬러 올라가 보는 것이 중요

하다. 그러면 자학이나 공포심, 불안, 자기는 틀렸다는 생각이 가정과 학교와 친구들 간에 일어난 사소한 일이 원인이 되어 어릴 때부터 시작되었다는 것을 알게 된다.

현재 갖고 있는 열등감은 어릴 때 '느끼기 쉬운 마음'에서 생겨났다는 것을 알게 되면 우선 열등감을 극복하려는 자세를 갖추게 되는 것이다. 이것을 이해하는 것이 열등감을 극복하는 조건이다.

❝ 자기의 재능과 특기를 객관적으로 평가한다 ❞

자기의 가치를 종이에 적어보는 것이 좋다. 그렇게 하면 자기의 능력을 보다 객관적으로 파악할 수 있다. 계획이 선다면 그것을 그대로 적는다. 사람과 협상하는 것을 잘하면 그것도 적는다. 악기를 연주할 수 있다면 그것들도 모두 적는다.

이렇게 해보면 얼마나 자기가 여러 가지 일을 할 수 있는지를 알게 되며, 자기와 같은 나이와 경험을 가진 타인에 비해 얼마나 자기가 우위의 입장에 서 있는지를 알게 된다.

❝ 용기를 내서 행동하라 ❞

자신을 얕잡아 보아서는 안 된다. 자기의 문제는 정정당당히 부딪혀 해결해나가지 않으면 안 된다. 많은 사람 앞에서 이야기하는 것이 두려우면 오히려 사람 앞에서 이야기하는 기회를 자주 갖도록 하라. 중역과 승진에 관해 이야기를 하지 않으면 안 되는데 기가 죽어서 그것을 지연하고 있을 경우에 초조하게 걱정하는 일은 그만두라. 용기를 내서 승진을 요구하라. 그렇게 하면 승낙의 회답을 얻게 되든가 아니면 아무런 회답이 없을 것이다. 그러나 승낙의 회답을 받을 수 있는 기회가 훨씬 많기 마련이다. 재빨리 행동으로 옮기는 편이 가만히 앉아 구차하게 생각하고 있는 것보다 훨씬 이익이 된다.

일에 매진하라

마음의 병자보다는 행동파가 되어라. 일을 훌륭히 성취함으로써 당신은 한 걸음 한 걸음 자신감을 구축해나갈 수 있다. 자신감이 생기면 물질적인 보수도 얻을 수 있고, 사람으로부터 인정도 받고 칭찬도 받는다. 이것은 연쇄반응이다. '자신 있는 일을 자신에게 시켜 자신감을 기른다.' 이 연쇄반응이 성공에의 길에 매진하는 계기가 된다. 보다 큰 책임을 갖고 중요한 결정을 내릴 수 있는 지위에 오르도록 노력한다. 다음 말을 결코 잊지 말라.

당신이 노력을 계속하는 한 결코 패배하는 일은 없다.

2
생명에는 목적이 있다

인간에 있어서 자연의 섭리 중 가장 큰 역할과 목적은
자기를 완성하는 것이다

당신의 생명 뿐만 아니라 모든 생명은 목적이 있는데, 그것은 하늘로부터 부여받은 운명을 떠안고 산다는 것이다.

당신에게는 훌륭하고 멋진 사명, 즉 살아가는 이유가 있고, 따라서 그것을 수행하지 않으면 안 되는 것이다. 하늘로부터 부여받은 생명을 기르고 육성하고 완성해야 할 책임도 있는 것이다.

이 세상에 삶을 부여받은 자의 가장 큰 역할과 목적은 자기를 완성하는 것이다. 이것은 우주의 보편적 원리의 하나다.

당신에게 있어서 생명이나 의무가 무엇인가 하는 것이 반드시 명백하지는 않더라도 그 생명을 완성하고 의무를 다하지 않으면 안 된다. 꽃에는 아름답게 핀다는 목적이 있고, 나무는 재목이 되고,

열매의 수확을 인간에게 주고, 그늘을 지게 함으로써 기여한다는 목적이 있다.

사람의 경우는 꽃이나 나무만큼 명백하지는 않더라도 달성하지 않으면 안 되는 숭고한 목적이 있다. 그러나 이 목적은 당신이 '나는 그 무엇과도 바꿀 수 없는 인간이다'는 생각을 자기 안에서 키워 가지 않고서는 달성할 수가 없다.

'당신은 자기 자신에게 깊은 배려를 보이고 자기를 높이 평가하지 않으면 안 된다.'

이것은 어떤 목적을 가지고 살아가는 어느 누구에게나 요청되는 일이다. 또한 대자연의 법칙이다. 이 법칙을 따르면 두려움, 열등감, 의혹, 자기 비하 등을 극복하게 된다.

3

결정된 문제는 언급하지 말라

어떤 일에 실패했다고 해서 후회만 한다면
당신은 또 한 번 실패를 맛보게 된다

나는 이미 끝난 일에 대해서 언급한다는 것은 무익한 일임을 깨닫게 되었다.

나는 강연을 자주 다니는 사람이므로 강연 내용을 많이 준비해야 했고, 메모 없이도 말할 줄 알아야 했고, 겁없이 연단에 설 줄 알아야 했다. 그래서 나는 꾸준히 연습을 했다. 그 결과 나는 어디서나 소신껏 말할 수 있는 연사가 되었다.

그러나 청년 시절에 열등감과 소심하고 소극적인 성격을 극복하기 위해서 스피치 교육을 받았는데 그때는 스피치를 하고 나면 기쁨보다 후회가 앞서곤 했다. 어리석고 현명하지 못한 말을 했다는 이유 때문이었다.

'왜 내가 그런 말을 했던가?' 혹은 '만일 내가 더 멋진 말을 했더라면 좋았을 텐데' 하고 후회했던 것이다.

그 후에도 나는 과거의 실수, 잘못, 실패에 대해서 계속적으로 한탄하는 버릇이 있었다. 나는 이미 끝난 문제를 두고 고민하던 어리석은 자였다.

어느 날 나는 나이든 유명한 연사에게 내게는 강연이나 대담을 한 후에 후회하는 버릇이 있다고 말하자 그가 이렇게 충고를 했다.

"당신이 말을 할 때는 그 자리에서 최선을 다했다. 그러니 일단 강연이 끝나면 그것에 대해서 잊어버려라. 당신의 청중들도 그렇다. 100퍼센트 환영을 받을수 있는 강연이 어디 있겠는가."

참으로 훌륭한 충고였다. '만일 …라면' 식으로생각하지 말라. 일단 어떤 일이 끝나면 그것을 잊어라. 그리고 다음 일을 준비하라. 어떤 일이 당신의 기대대로 되지 않았다고 해서 후회만 한다면 쓸데없이 당신의 시간과 정력만 낭비할 뿐이다.

당신은 당신이 할 수 있는 일을 했기 때문에 어떤 과오나 실수가 있을 수 있다. 그러나 될 수 있는 한 빨리 그것을 잊어라. 왜냐하면 내일은 새 날이기 때문이다. 새 날을 고귀한 정신으로 살아라. 이 날은 계산된 날이다. 어제의 걱정을 오늘 하면 영원히 다시 오지 않을 시간을 낭비하는 것이다.

4
자신감을 갖게 하는 다섯 가지 행동

꺼리는 일에 대해서는
의식적으로 실행하는 습관을 들여라

자신 있는 생각을 갖기 위해서는 자신 있는 행동을 해야 한다.

다음의 글은 자신을 갖게 하는 다섯 가지 행동지침이다. 이 지침을 주의 깊게 읽고서 그것을 실행하는 의식적인 노력을 하면 당신은 반드시 자신감에 넘친 사람이 될 것이다.

❝앞자리에 앉도록 하라❞

학교나 그 밖의 사람들이 많이 모이는 곳에서 보면 뒤편에 있는 자리가 먼저 차는 것을 이미 알고 있을 것이다.

많은 사람들이 먼저 뒷자리에 앉으려고 다투는 것은 자기가 너무 눈에 띄고 싶지 않기 때문이다. 그리고 그들이 눈에 띄는 것을 두려워하는 것은 자신감이 결여되어 있기 때문이다. 앞에 앉는 것은 자신감을 생기게 한다. 이제부터는 될 수 있는 한 앞에 앉도록 하라. 앞에 있으면 조금은 눈에 띄게 될지 모르나 눈에 띄지 않고는 성공할 수 없다는 사실을 잊지 않기 바란다.

'가만히 눈을 응시하는 습관을 들여라'

그 사람이 눈을 어떻게 하고 있는지는 그 사람에 대한 여러 가지 사실을 우리에게 가르쳐준다. 당신의 눈을 바로 보지 않는 사람이 있다면 당신은 본능적으로 다음과 같이 자문할 것이다.

'그는 무얼 감추려고 하고 있을까? 그는 무엇을 두려워하고 있을까? 어떤 속셈이 있을까?'

상대방의 눈을 보지 않는 것은 보통 다음 두 가지 중 어느 하나를 나타내고 있다.

'나는 당신의 곁에서는 나 자신을 무력하게 느낍니다. 당신에게 열등감을 느끼고 있습니다. 당신이 무섭습니다.'

또 하나는 이렇게 말하고 있는지도 모른다.

'나는 죄의식을 느낍니다. 당신에게 알리고 싶지 않은 일을 하거나 생각하고 있습니다. 당신의 눈을 바로 보게 되면 당신이 내 마음

을 꿰뚫어보지는 않을까 걱정됩니다.'

상대방의 눈을 피함으로써 당신은 아무것도 말하고 있지 않다. 당신은 '나는 두려워하고 있다. 나는 자신이 없다'고 말하고 있는 것과 같다. 상대방의 눈을 바라봄으로써 이 공포를 극복해야 한다. 상대방의 눈을 똑바로 보는 것은 상대방에게 이렇게 말하고 있는 것이나 마찬가지다.

"나는 정직해서 숨기려고 하지는 않습니다. 나는 지금 당신이 말하고 있는 것을 믿고 있습니다. 나는 두렵지 않습니다. 나는 자신감을 가지고 있습니다."

당신은 자기를 위해 눈을 활용해야 한다. 상대방의 눈에 초점을 맞추어야 한다. 그렇게 하는 것은 당신에게 자신감을 준다.

'빨리 걸어라'

나는 어릴 때부터 사람들의 걸음걸이를 관찰하기를 즐겨했다. 나는 지금도 복도나 로비에서 사람들이 걸어다니는 것을 관찰함으로써 인간 행동을 연구하고 있다.

심리학자는 단정치 못한 태도나 느릿느릿한 걸음걸이를 자기 자신의 일이나 주위 사람들에 대한 유쾌하지 못한 태도에서 오는 것으로 판단하고 있다. 어느 심리학자는 사람은 자신의 태도나 동작의 속도를 바꿈으로써 실제로 태도를 바꿀 수 있다고 말한다.

잘 관찰해보면 육체의 움직임은 마음의 움직임의 결과라는 것을 알 수 있을 것이다. 극도로 위축된 사람은 발을 질질 끌고 비틀거리며 걷는다. 이런 사람들은 자신감이 부족하다.

보통 사람은 보통 걸음걸이를 하고 있다. 그들의 보조는 보통이다. 그런 걸음은 '나는 내 자신에 대해 그리 대단한 자부심은 가지고 있지 않습니다'라고 말하는 것과 같은 태도다.

다음에는 제3의 그룹이다. 이 그룹에 속하는 사람들은 특별한 자신을 겉으로 나타내고 있다. 그들은 보통 사람보다도 더 빨리 걷는다. 그들의 걸음걸이는 어떻게 보면 단거리 경주를 하고 있는 듯하다. 그들의 걸음걸이는 세상을 향해 다음과 같이 말하는 것과 같다.

'나는 어느 중요한 장소에 가지 않으면 안 된다. 나는 하지 않으면 안 될 중요한 일이 있다. 그뿐만 아니라 내가 이제부터 하려고 생각하는 일이 15분 이내에 성공할 것이다.'

자신감을 굳히는 데 도움이 되기 위해 25퍼센트 빨리 걷는 테크닉을 이용하라. 어깨를 펴고 머리를 치켜올리고 보통 사람보다도 조금 빨리 걸어보라. 그러면 스스로 자신감을 가질 수 있게 될 것이다. 곧바로 행동에 옮기자. 그리고 그 대가를 마음껏 음미하자.

❛자진해서 이야기하라❜

여러 규모의 많은 그룹과 일을 하면서 나는 예민한 지성과 타고난 능력을 가진 사람들이 토론에 참가하기를 두려워하거나 참가해도 제대로 그 능력을 발휘하지 않는 것을 보아왔다.

이 사람들이 동료와 어울리려 하지 않거나 다른 사람들과 원만히 지내지 못하는 것은 그들에게 그 능력이 없기 때문이 아니다. 문제는 자신감의 결여에 있다. 회의에서 침묵을 지키고 있는 사람은 이렇게 생각하고 있다.

'내 의견 같은 것은 아마 도움이 되지 않을 것이다. 내가 무언가 말하면 아마 바보로 보일지도 모른다. 아무 말 하지 않으면 두드러지는 일은 없다. 게다가 여기에 나와 있는 다른 친구들은 나보다도 훨씬 많은 것을 알고 있을 것이다. 내가 얼마나 바보인가를 다른 사람들에게 보이고 싶지 않다.'

회의에서 말이 없는 사람은 이야기가 실패할 때마다 자기가 점점 부적당한 사람이고 뒤떨어진 인간이라고 생각하고 있다. 다음에는 이야기에 나설 것이라 다짐을 하지만 쉽지 않다. 이와 같이 말하지 않는 사람은 말하다가 실패할 때마다 쓰라린 패배감을 느끼게 된다. 그는 점점 더 자신이 없어지게 된다. 그러나 이것을 적극적인 관점에서 보면, 당신이 자진해서 이야기하면 할수록 당신은 자신감이 넘치게 되고 다음에 이야기하기가 더 수월하게 된다는 말이다.

자진해서 말하라. 이것이야말로 자신감을 갖추게 하는 비타민이다.

이 자신 제조기를 활용할 일이다. 당신이 참석하는 어느 집회에서나 자진해서 이야기하는 것을 원칙으로 삼아라. 당신이 참석하는 어떠한 비즈니스 회의, 위원회, 마을 회의에서도 자진해서 무언가를 발언해라. 비판하고 의견을 제시하고 질문을 하라.

이제까지 마음이 약한 수많은 사람들이, 많은 사람들 앞에서 부담감을 느끼지 않고 말하는 계획을 실행함으로써 자신감을 되찾게 되었다.

❛크게 웃어라❜

웃음이 그 사람에게 자신감을 준다는 말을 아마 들어 보았을 것이다.

웃음은 자신감 부족에 대한 특효약이다. 그러나 많은 사람들이 아직 이것을 진심으로 믿으려 하지 않고, 웃으려고 하지도 않는 듯하다. 한번 테스트를 해보자. 마음으로 패배감을 느꼈을 때 오히려 크게 웃어보라.

잘 되지 않을 것이다. 크게 웃으면 당신에게 자신감이 생길 것이다. 커다란 웃음은 공포를 제거하고 괴로움을 없애주고 의기소침했던 마음을 무너뜨린다.

진정한 웃음은 고조된 감정을 가라앉혀 줄 뿐만 아니라 그 이상의 일을 한다. 큰 웃음은 다른 사람의 반대를 꺾어놓는 구실도 한다. 더구나 즉석에서 만일 당신이 상대방에게 커다랗게 호탕한 웃음을 웃어 보이면 어떠한 사람이라도 그 일만으로 당신을 노하게 할 수는 없을 것이다.

크게 웃어라. 그러면 당신은 진정으로 '오늘도 행복하다'고 느낄 것이다. 웃는 듯 마는 듯 하는 웃음은 별로 도움이 되지 않는다. 이가 드러날 만큼 크게 웃어야 한다. 크게 웃는 것만이 도움이 된다.

내가 이렇게 말하면 "그럴지도 모르지만 무언가 두려움을 느낄 때라든지 화가 났을 때에 어떻게 웃을 마음이 생기겠습니까?"라는 말을 가끔 듣게 된다.

물론 그럴 때에 웃기가 쉽지 않을 것이다. 거기엔 약간의 술수가 필요하다.

'나는 이제부터 웃는다'고 자기 자신에게 힘을 주어 들려준다. 그러고 나서 조용히 웃는다. 웃음의 힘을 이용하라.

- 앞자리에 앉도록 하라.
- 가만히 눈을 바라보는 습관을 들여라.
- 25퍼센트 빨리 걸어라.
- 자진해서 이야기하라.
- 크게 웃어라.

5

자신감 강화를 위한 자기 암시

매사에 자신감과 가능성을 믿는
낙관적인 태도를 지녀라

1. 나는 매사에 자신감이 넘친다.

2. 용기가 솟는다. 마음이 매우 대담해진다.

3. 이제 세상에 두려울 것이 아무것도 없다.

4. 어떤 사람도 두렵지 않다. 무섭지 않다. 부끄럽지 않다.

5. 언제나 마음은 태연하다.

6. 항상 마음에서 자신감과 용기가 치솟는다.

7. 언제나 내 기분은 맑다.

8. 나는 우유부단하지 않다.

9. 마음에 뜻을 둔 일은 즉각 행동으로 취한다.

10. 결코 망설이지 않는다.

11. 나는 목적을 향해 힘차게 전진한다.

12. 언제나 가능성을 믿고 목적을 향해 심혈을 기울인다.

13. 이제 어떠한 난관도 뚫고 나갈 수 있다.

14. 항상 내 마음에서 강력한 힘이 솟는다.

15. 내가 하는 일은 반드시 이룩한다.

16. 기어코 내 목적을 쟁취한다.

17. 나는 매우 강력한 기분이 됐다.

　　잘했다. 잘했다. 신념의 인간 ○○○는 정말 잘했다.

　　(○○○ 안에는 자기 이름을 넣는다)

　　아, 훌륭하다. 아, 훌륭하다. 신념의 인간 ○○○ 정말 훌륭하구나.

　　(○○○ 안에는 자기 이름을 넣는다)

❝매사에 자신감을 가져라❞

　　부정적인 마음가짐은 자신감을 잃고 소극적인 인간을 만든다. 자신을 가지고 매사에 도전하면 대상은 굴복하고 일은 잘 해결된다. 자신 있는 생의 태도는 당신을 성공으로 인도할 것이다.

❝용기를 가지고 마음을 대담하게 하라❞

　　자신에 넘친 용기란 강력한 설득력을 가지는 법이다. 자신감을 가지고 대담하게 생에 임할 수 있어야 한다.

대담한 용기란 비굴한 생에서 탈피하여 정열 어린 젊음을 한껏 불태울 수 있는 원동력이 된다. 돈 없고 말주변 없는 것도 좋다. 하지만 용기 없는 바보는 되지 말아야 할 것이다. 용기를 잃는 자는 모든 것을 잃어버린 자다.

세상에 대한 두려움을 모두 없애버려라

두려움은 자기 내부에서 나오는 것이다. 어떤 사실에 대한 대담한 용기는 모든 두려움을 멀리 쫓아낼 것이다. 두려움 없는 생애는 당신의 가치 있는 생을 더욱 돋보이고 보람되게 이끌어갈 것이다.

상대가 누구라도 두려움, 무서움, 부끄러움을 잊어라. 항상 마음을 곧게 하여 양심의 가책을 느끼지 않고 살면 어떠한 상황 아래서도 두렵지 않고 무섭지도 않으며, 부끄럽지도 않을 것이다. 당당하고 번듯한 당신 앞에서 모든 열등감은 저절로 소멸되고 말 것이다.

마음을 태연하게 가져라

바쁜 생활 속에서도 여유 있는 마음가짐은 생에 대한 뿌듯한 멋을 가져다줄 것이다. 급한 일은 아무것도 없다. 모든 일은 순서가 있고 때가 있는 법이다. 태연한 마음가짐으로 매사에 임하라.

자신과 용기가 치솟게 하라

자신과 용기는 모든 절망을 딛고 일어서는 활력소다. 어떤 열악한 상황에 처할지라도 자신과 용기가 치솟는다면 자기의 목표가 점점 달성되어가는 것을 알게 될 것이다.

기분을 맑게 가져라

맑은 기분은 두뇌의 회전력을 도우며 또한 타인에게도 좋은 영향을 준다. 타인을 거울이라고 생각하라. 내가 웃으면 남도 웃고 내가 화내면 남도 화낸다는 것을 반드시 명심하라.

우유부단한 성격을 버려라

결단력 있는 마음은 시간을 헛되이 보내지 않게 하고 당신의 정열을 제대로 활용할 수 있게 한다. 또한 뚜렷한 생의 여로가 전개될 것이다. 보다 긍정적이고 적극적인 결단력을 지녀야 한다.

마음에 뜻을 둔 일이라면 즉각 행동을 취하라

망설임은 우유부단한 성격을 낳고 실패를 초래한다. 어떤 행동이든 행동에 대한 반응을 잘 이해한다면 실패를 성공으로 이끈다는 것이 그리 어려운 일은 아닐 것이다.

결코 망설여서는 안 된다

그때그때 자기 앞에 나타나는 모든 것은 필사의 임무라고 생각하라. 행동하면 진보하지만, 망설이면 퇴보하게 된다.

목적을 향해 힘차게 전진하라

사람은 뚜렷한 목적을 가지고 올바르게 행동해야 한다. '존재했노라, 보고 있노라, 이기겠노라'라고 미소지으며 의롭게 생을 영위해갈 수 있어야만 참다운 삶이 된다.

가능성을 믿고 목적을 향해 심혈을 기울여라

불가능하다는 생각은 깨끗이 말소해 버려야 한다. 지금도 일은 잘 되어가고 있다는 신념을 가지고 자신만만하게 목적을 향해 노력해야 한다. 부정적인 마음가짐은 반드시 실패를 동반한다.

어떠한 난관도 뚫고 나아가라

폭풍은 강한 바닷사람을 만들어낸다. 시련과 부딪혀보지 못한 인간은 참다운 생을 살았다고 할 수 없다. 하느님은 보다 뜻 있는 인간을 만들어내고자 할 때 시련을 주신다. 불도저 같은 박력으로 좌절하지 않는 인간만이 끝까지 살아남는다.

마음에 항상 강력한 힘이 솟게 하라

모든 일에 정열을 바치는 사람으로 성장하라. 항상 어깨를 펴고 목을 곧게 세우고 음성을 풍부히 하라.

당신이 하는 일을 반드시 이룩하라

중단은 소모다. 작은 것이라도 반드시 이룩하라. 개미 구멍도 둑을 무너뜨린다. 신념이야말로 성공의 씨앗이 된다.

기어코 목적을 성취하라

성공에 대한 욕망 없이는 삶의 보람도 느끼지 못한다. 자신이 목적하는 바를 이루기 위해 전력을 다하라. 그러면 성공도 거머쥘 수 있을 것이다.

매우 강력한 기분으로 살아라

자신은 생애를 통치할 수 있게 창조되었다는 것을 한시도 잊지 말라.

6
나의 신조

광명이 암흑을 이긴다고 믿어라
그리하여 광명의 신자가 되라

나는 정신력이 물질보다 강하다고 믿는다. 그래서 정신의 사도가 되기를 원한다.

나는 이상의 힘이 현실의 힘보다 굳세다고 믿는다. 그래서 이상의 신봉자가 되기를 원한다.

나는 선이 악을 이긴다고 믿는다. 그래서 선의 아들이 되기를 원한다.

나는 희망이 절망보다 강하다고 믿는다. 그래서 희망의 딸이 되기를 원한다.

나는 광명이 암흑을 이긴다고 믿는다. 그래서 광명의 신자가 되기를 원한다.

나는 진실이 거짓을 이긴다고 믿는다. 그래서 진실의 제자가 되기를 원한다.

나는 정의가 불의를 이긴다고 믿는다. 그래서 정의의 사자가 되기를 원한다.

나는 이성이 편견을 이긴다고 믿는다. 그래서 이성의 신도가 되기를 원한다.

나는 진리가 허위를 이긴다고 믿는다. 그래서 진리의 수호자가 되기를 원한다.

나는 사랑의 힘이 증오의 힘보다 강하다고 믿는다. 그래서 사랑의 파수병이 되기를 원한다.

나는 생명이 죽음보다 강하다고 믿는다. 그래서 생명의 예찬자가 되기를 원한다.

나는 비폭력이 폭력을 이긴다고 믿는다. 그래서 비폭력의 옹호자가 되기를 원한다.

나는 협동의 힘이 분열의 힘보다 강하다고 믿는다. 그래서 협동의 실천자가 되기를 원한다.

나는 평화의 의지가 전쟁의 의지보다 강하다고 믿는다. 그래서 평화주의자가 되기를 원한다.

나는 창조의 힘이 파괴의 힘보다 강하다고 믿는다. 그래서 창조의 일꾼이 되기를 원한다.

나는 자유의 힘이 강제적인 힘보다 강하다고 믿는다. 그래서 자유의 기수가 되기를 원한다.

8장

끈기를
기르는 법

1
끈기의 원리

중단을 모르고 실패를 모르는 첫 번째 요인은
절대로 실패에 대해 언급하지 않는 것이다

' 절대로 중단하지 말라 '

문제가 생겼을 때 그 문제가 아무리 어렵더라도 한 가지 근본적
인 원리는 꼭 명심해야 한다. '절대로 중단하지 말라'가 바로 그것이
다. 중단하거나 포기하면 철저한 실패만을 초래할 뿐이다. 중단은
당장 처리해야 할 일뿐만 아니라 자신의 인격까지 망치게 된다. 중
단하는 자는 실패에 대한 심리적 압박감을 받으며 살기 마련이다.

만일 당신의 문제 해결 방안이 별 효과가 없다면 다른 각도에서
문제를 보라. 그래도 효과가 없다면 문제 해결의 열쇠를 찾을 때까
지 제3, 제4의 방안을 강구하라. 왜냐하면 문제 해결의 열쇠는 반드

시 있기 때문이다.

우리는 수많은 문제 속에서 살고 있다. 또한 목표와 목적을 가진 사람들을 우리 주위에서 많이 볼 수 있다. 그들은 목표를 달성하기 위해서 일하고 분투하고 생각한다. 그러나 일이 점점 어렵기 때문에 그들은 한결같이 피곤을 느끼고 절망한 나머지 결국 중도에서 중단하고 만다. 훗날에서야 그들은 조금만 더 끈기를 발휘했더라면 소기의 목표를 달성할 수 있었다는 사실을 깨닫게 된다.

❝ 실패에 대해서 절대로 말하지 말라 ❞

중단을 모르고 실패를 모르는 자세의 소유자가 되려면 어떻게 해야 하는가? 한 가지 묘안이 있다.

'절대로 실패에 대해서 언급하지 말라.'

한때 나는 개인적인 고민으로 괴로워한 적이 있었다. 그때 어떤 사람이 전화로 이런 말을 해주었다.

"걱정하지 말라, 포기하지 말라. 내가 당신에게 해줄 좋은 말은 이것뿐이다."

내가 왜 이것이 좋은 말이 될 수 있느냐고 질문을 하기도 전에 그는 전화를 끊어버렸다. 한동안 나는 그가 언급했던 좋은 말의 뜻을 알 수가 없었다. 그러나 그 당시 나는 좋은 말, 희망적인 말을 사용하지 않았다는 사실을 깨닫게 되었다. 다시 말해서 나는 절망적인 말들만 늘어놓았다. 그 결과 나는 실패자의 자세로 행동하고 있었던 것이다. 그래서 나는 그때부터 희망, 신념, 용기, 믿음, 승리와 같이 좋은 말들을 사용하기 시작했다. 나는 이와 같은 힘 있는 말을 애용하기로 결심했다.

'할 수 있다고 생각하면 할 수 있다.'

나는 방금 한 이 말을 중심으로 행동하고 생각하며 일하기 시작했다. 당신도 한번 시험삼아 해보라. 그러면 당신의 인격이 변하는 것을 실감할 수 있을 것이다.

문제를 적극적으로 대할 수 있도록 당신의 사고방식을 바꿔라. 그리고 끈기의 원리를 항상 명심하라.

'절대로 중단하지 말라'가 바로 그것이다.

진실로 당신의 소원 성취는 당신이 역경을 어떻게 극복하느냐에 좌우된다. 일이 어렵다고 해서 당신은 포기할 것인가? 아니면 계속 돌진할 것인가? 당신의 결심에 따라 당신의 미래가 판가름나게 된다.

❝ 한 번 더 용기를 내라 ❞

하루를 승리로 이끄는 것은 용기뿐이다.
그러므로 겁쟁이가 되어서는 안 된다.
용기를 내라.

중단하기는 쉽다.

그러나 밀고 나간다는 것은 참으로 어렵다.

이용당했거나 실패했거나 죽고 싶다는 말을 하기가 쉽다.

어중이떠중이가 되기는 쉽다.

희망이 한 가닥도 보이지 않아도 계속해서 투쟁하라.

그것이 최선의 길이기 때문이다.

만사가 절망으로 보이고,

심신의 상처가 아무리 깊다고 해도

한 번 더 시도하라.

         — 로버트 서비스(Robert Service, 캐나다 시인) —

괴테는 말했다.

"끈기를 실천하는 자는 드물지만 언제나 자신의 사명을 완수한다. 왜냐하면 끈기의 향기는 날로 새롭기 때문이다."

쉽게 말하자면 어떤 일을 계속해서 추적하면 끝장을 볼 수 있다는 뜻이다. 중단을 거부하는 자세가 바로 끈기의 원리인 것이다. 불행히도 우리는 오늘날과 같이 소극주의가 범람하는 때에 이 같은 끈기에 대한 이야기를 많이 들을 수가 없는 실정이다. 그러나 우리의 애국투사들을 보라. 이스라엘 민족과 선진국들을 중시해서 볼 때 모두가 끈기의 역사요, 용기의 산물이다.

우리가 배운 것은 소극적인 중단이나 실패, 암담함, 불로소득, 퇴보는 아니었다.

끈기의 중요성은 청년들의 의식구조 속에 박혀 있을 것이다. 청년들은 선한 싸움을 해야 된다고 들었을 것이다. 한 번 실패를 했더라도 다시 일어나 7전 8기의 정신으로 재기해야 한다고 들었을 것이다. 문제가 무엇이든지 간에 열쇠를 찾을 때까지 계속 분투하라고 들었을 것이다. 끈기가 인생 성공의 열쇠다. 끈기의 원리를 깨닫지 못한 자는 어떤 보람된 일도 창조적으로 감당해낼 수 없다.

‘끝장을 보려면 계속 도전하라’

세계의 위대한 인물들은 공통적으로 끈기의 중요성을 주장했다. 예를 들면 마호메트는 이렇게 말했다.

"신은 끈기 있는 자의 편이다."

또 세익스피어는 이렇게 말했다.

"비가 많이 오면 대리석도 젖는다."

로마의 시인이자 철학자인 루크레티우스는 이렇게 말했다.

"떨어지는 물방울이 돌에 구멍을 낸다."

'처음에 성공하지 못했더라도 다시 시도하고, 다시 도전하라.'

언제 어디서나 나도 할 수 있다는 것을 명심하라. 어떤 일의 결과를 보려면 할 수 있다는 자세로 계속 도전하면 된다.

현실 직시의 원리

끈기의 원리를 유효 적절히 이용하려면 현실 직시의 원리를 알아야 한다. 현실 직시의 원리는 도대체 무엇인가? 우리가 실패감이나 절망감을 느낀다면 현실을 바라볼 필요가 있다는 것이다. 실패감이나 절망감의 원인을 발견해야 한다. 자기가 처해 있는 주위 환경이나 상황을 안팎으로 냉정하게 조사하고 검토해보아야 한다.

자신이 누구이며 무엇하는 사람인가를 알아야 한다. 자기 자신을 알 필요가 있다. 자신의 내적인 힘을 계발시켜야 한다. 자기 자신의 잠재력을 알 때 비로소 성공적인 결과와 만날 수 있다.

대부분의 사람들은 사는 동안에 다소간 실패의 와중에서 방황하게 된다. 왜냐하면 그들은 내적인 정신무장이 안 되어 있기 때문이다. 그들은 자신들의 정체성을 파악하지 못하고 있다.

이런 말이 있다.

'자기의 가장 강적은 자기 자신이다.'

목표와 목적을 달성하기 위해서 부지런히, 열심히 일해도 실패하는 사람들이 많이 있다. 어떤 일을 창조적으로 달성하려고 노력해도 할 수 없을 때가 있다.

왜 그럴까? 문제는 내외적으로 약점을 가지고 있기 때문이다. 사실 세상에서 가장 알기 힘든 사람은 바로 자기 자신이다. 우리는 누구나 소원을 성취할 수 있는 잠재력을 마음속에 간직하고 다닌다. 우리는 종종 비합리를 합리화시키려는 버릇이 있다. 많은 사람들은 자신의 정체를 알고 싶어하지 않는다. 그래서 그들은 다른 사람들이나 다른 사람들의 문제에 관해서만 말할 뿐, 자신들의 현실은 무시하거나 외면해버린다.

실제로 사람이 발전하려면 현실 도피를 버리고 자기 자신을 포함해서 매사를 직시하는 태도를 가져야 한다. 사람들은 외적인 상황을 처리하지 못하기 때문에 실패자가 된다.

다시 말해서 그들을 실패로 몰고가는 것은 내적 혹은 정신적인 분쟁이다. 당신은 자신을 똑바로, 냉정하게 볼 줄 알아야 한다. 또 그것을 기준으로 삼아 처신해나가야 한다. 그것이 현실 직시의 원리이다. 그리고 그것은 반성에 기초한 것이다. 거울 앞에 서서 이렇게 말해보라.

"자, 이제 나는 당신에 관한 진실을 알고 있다."

현명한 사람은 참된 자아 발견이 바로 자기 발전의 시작이라는 것을 잘 알고 있다.

사람이 현실 직시의 원리로 자기 자신과 자신의 잠재능력을 알게 될 때 비로소 업적을 낳을 수 있다. 새 힘과 자신감을 가지게 되는 것이다. 또한 자신을 알고 동시에 자신을 믿는다면 어떤 역경도 능히 극복할 수 있다. 사람이 현실 직시를 할 줄 알면서 동시에 끈기를 발휘한다면 불가능은 없을 것이다.

2
끈기는 누구나 지닐 수 있다

정신집중이 일상 경험에 의하여
인생의 일부가 되면 끈기는 저절로 몸에 밴다

끈기란 마음의 상태다. 따라서 그것은 발전할 수 있다. 마음가짐과 마찬가지로 끈기는 몇 가지 명확한 기반에 의하여 밑받침되어 있다. 그 요건은 다음과 같다.

1. 목적의 명확성 우선 자기가 무엇을 원하고 있는지를 알 것. 그것이 끈기를 키우는 가장 중요한 단계이다. 확고한 동기가 있어야만 어떤 난관도 극복해나갈 수 있는 법이다.

2. 욕망 목표를 추구하려는 욕망이 강하기만 하면 끈기를 체득하고 발휘하는 일은 비교적 쉬운 일이다.

3. 자기 신뢰 계획을 수행할 수 있다는 자신감이 있으면 끈기를

가지고 계획대로 해나갈 수 있다.

4. 계획의 확실성 계획이 조직적이면 설령 거기에 결점이 있거나 비현실적인 점이 있다 하더라도 끈기를 키우는 데 크게 도움이 된다.

5. 정확한 지식 자기 계획이 건전하고 경험과 관찰에 의하여 뒷받침된 것이라면 끈기를 고취시키기에 충분하다. '지식' 대신에 '추측'으로 해나간다면 끈기를 파괴하는 결과가 된다.

6. 협력 타인에 대하여 동정적이며 그 사람의 입장에 서서 이해하고 협조적인 노력을 한다는 것은 끈기를 키우는 중요한 요건이다.

7. 의지력 명확한 목적 달성을 위한 계획 작성에 있어서 자신의 사고를 견지하는 습관을 가진다는 것은 끈기를 키우는 데 도움이 된다.

8. 습관 끈기는 습관의 직접적인 결과다. 정신집중이 일상 경험에 의하여 인생의 일부가 되면 훌륭한 습관이 형성된다. 모든 적중에서도 가장 가증스러운 적인 공포는 용기 있는 행위를 되풀이함으로써 효과적으로 물리칠 수 있다.

3
성공을 위해 인내심을 키워라

문제나 어려움이 해결되지 않는 것은
당신이 불가능하다고 믿기 때문이다

성공적인 결과를 얻기 위해서 우리는 인내심을 갖지 않으면 안 된다. 그러나 인내는 승리를 위한 하나의 요소에 지나지 않는다. 몇 번이고 시도하는데도 늘 성공하지 못한다는 것은 인내를 실험에 결부하려고 하지 않기 때문이다.

에디슨은 아마 가장 인내심이 강한 과학자일 것이다. 그는 전구를 발명할 때까지 몇천 번의 실험을 되풀이한 것으로 전해지고 있다. 중요한 것은 실험을 되풀이한 사실이다. 그는 전구를 개발한다는 그의 목표에 집착했다. 그는 그것을 실험과 결합함으로써 그 인내를 성과로 이어지도록 한 것이다.

한 가지 방법에 집착하는 것이 반드시 승리를 의미하지는 않는다. 하지만 실험과 결합한 인내는 성공을 보증한다. 훌륭한 인내력을 발휘하는 야심가도 많이 있지만 그들이 성공하지 못하는 것은 새로운 방법을 실험해보지 않았기 때문이다.

목표는 견지해야 한다. 1인치도 거기에서 빗나가서는 안 된다. 만일 성과가 오르지 않는다면 새로운 방법을 시도해봐야 한다.

불독과 같은 끈질김을 가지고 있는 사람들, 즉 한 번 물고 늘어지면 결코 그것을 놓으려 하지 않는 사람들은 분명 성공의 특징을 갖춘 사람이다. 그러나 끈질김만으로는 부족하다.

'반드시 길이 있다'는 사실을 자신에게 인식시키는 것은 모든 것을 끌어당기는 힘이 있다. 당신이 자신에게 '이젠 틀렸다, 이 문제를 해결하는 방법은 없다'라고 말하면 소극적 생각은 곧바로 반응을 해서 당신 자신에게 옳다고 충동질하면서 그 생각을 믿게 할 것이다.

그러나 그렇게 하는 대신에 '이 문제를 해결하는 방법은 반드시 있다'고 믿으면 적극적인 생각이 당신의 마음에 물밀듯이 밀려와서 해결을 모색하는 데 전력할 것이다.

당신이 반드시 길이 있다고 믿을 때 당신은 자동적으로 '계속하자든지 좀더 앞으로 나아가자'는 적극적인 에너지로 전환하게 된다.

문제나 어려움이 해결 불가능하게 되는 것은 당신이 그것을 불가능하다고 생각하기 때문이다. 해결이 가능하다는 믿음을 가지고 문제 해결에 접근하라. 그것을 불가능하다고 말하거나 생각하는 것은 절대 금물이다.

4
끈기가 없으면 성공도 없다

끈기가 없으면
욕망으로 대신 그것을 불러일으켜라

욕망을 재산으로 전환시키는 과정에 있어서 '끈기'는 절대 불가결한 요인이다. 그리고 끈기의 기초가 되는 것은 의지의 힘이다. 당신과 당신의 목적 사이에 존재하는 약점이 무엇인가를 인식하고 그 약점을 제거하라. 당신의 인내력은 인정받을 만하고 확실하며 능력을 길러준다. 의지력과 욕망이 훌륭하게 결합되었을 때 무슨 일에나 굽히지 않는 강력한 힘이 생겨난다.

큰 재산을 쌓아올린 사람은 보통 냉혈동물이라는 소리를 듣게 된다. 그러나 이것은 심한 오해다. 그들이 가진 것은 끈기가 뒷받침된 의지력과 목적을 달성하기까지 결코 단념하지 않는 욕망 바로 그것이다.

대다수의 사람들은 마음속에 품고 있는 목표나 목적을 간단하게 내동댕이치며, 사소한 장애나 불행에 부딪칠 것 같으면 모든 것을 체념하고 만다. 눈앞에 나타난 장애에도 불구하고 최후까지 목적 완수를 위해 노력하는 사람은 많지 않다.

끈기라는 말에는 영웅적인 의미는 없을는지 모른다. 하지만 인간의 성격에서 끈기는 철강에 있어서 탄소와도 같은 역할을 한다.

끈기가 없다는 점이 실패의 주요 원인이 된다는 것은 두말할 필요가 없다. 또한 끈기가 없다는 것이 대다수 사람들의 공통된 약점이다. 이 약점이 가져오는 안이함을 극복하는 방법은 그 사람의 욕망을 강화하는 것이다. 모든 목표의 관철을 위한 출발의 발판은 욕망 그것이다. 이 점을 언제나 마음속에 간직해라. 조그마한 불을 지피고만 있으면 그만큼만 온도가 올라가는 것과 같이 욕망이 작으면 얻어지는 결과도 작을 수밖에 없다.

당신 자신이 끈기가 없다고 깨달았다면 그 약점을 욕망이라는 불길로 불러일으켜 크게 타오르게 함으로써 보완할 수 있다.

가난이란 그 사람의 마음이 가난에 젖어 있을 때에 찾아오는 법이다. 돈을 벌려고 만반의 준비를 갖추고 있는 사람에게는 돈이 틀림없이 따라온다. '가난뱅이 의식'은 '축제 의식'이 마음속에 솟지 않는 사람에게 자연적으로 생겨난다.

끈기가 없다면 성공자가 될 수 없다는 것은 뻔한 사실이다. 끈기가 있어야 비로소 당신은 승리를 획득할 수 있다. 어떤 악조건 속에서라도 성공을 반드시 하게 된다.

5

끈기를 지니는 요건

벌려놓은 일에 대해 두려워하지 말고
계획을 갖고 실행하라

끈기에 대한 글이 끝나기 전에 당신이 가진 소질을 검토하고 특히 무엇이 부족한지를 결정하는 것이 중요하다. 검토하면서 당신은 자신을 한층 더 잘 알게 될 것이요, 새로운 발견을 할 수도 있으리라 믿는다. 그리고 당신은 현재의 자기와 달성하려는 큰 목표 사이를 가로막고 있는 적이 많다는 사실을 이미 깨달았을 것이다.

끈기의 약점을 보여주는 징조는 물론이고, 이 약점이 잠재적 요인이 되어 깊이 뿌리박고 있는 것이 무엇인지도 알게 되었다.

다음에 열거한 리스트를 주의 깊게 연구하여 자기는 대체 어떠한 인간인가, 또 무엇을 할 수 있는 인간인가를 진지하게 규명해보라.

다음은 핸디캡이 있거나 우유부단한 사람 또는 재산을 쌓으려는

240

사람이 완전히 극복해야 할 점이다.

- 자신이 바라는 것이 무엇인지 알지 못하여 또 그것을 명백히 정의내리지 못하는 일.
- 원인이 있든 없든 간에 주저하는 일(이 경우 대개가 핑계라든가 변명을 지루하게 늘어놓는 법이다).
- 전문 지식을 얻는 데 전혀 관심을 갖지 않는 일.
- 문제에 대해서 진지하게 생각하여 분석하려 들지 않고 우유부단하게 자꾸만 미루는 일(이 경우에도 항상 변명이 앞선다).
- 문제 해결을 위해 정확한 계획을 세우려 하지 않고 이 핑계 저 핑계로 변명을 하려 든다.
- 자기 세계에만 만족하고 있는 사람에 대해서는 이미 중태라 손을 쓸 여지가 없다. 이런 증상이 있는 사람에 대해서는 전혀 희망을 걸 수가 없다.
- 어떠한 경우, 부당하다고 생각되면 적과 싸워 반대해야 되는데 이내 타협해버리는 무관심한 태도.
- 자신의 과오를 타인의 탓으로 돌리고 비난한다. 어쩔 수 없이 궁지에 몰리면 그때 자신의 과오를 인정하는 못된 습관.
- 욕망이 빈약하기 때문에 어떤 일에 대한 행동을 일으키게 하는 동기 포착을 게을리 하는 일.
- 단 한 번의 실패로 기꺼이 계획을 포기하고 마는 일.
- 조직적인 계획이 없기 때문에 어디를 어떻게 고쳐야 할 것인지 분석조차

못하는 일.

- 아이디어나 기회가 눈앞에 와 있는데도 불구하고 그것을 붙잡으려고 하지 않는 일.

- 현실적인 계획을 갖지 않고 꿈만 그리고 있는 일.

- 재산을 쌓는 대신 가난과 타협해버리는 습관. 구체적으로 이러이러한 사람이 되고 싶다, 이런 물건을 가지고 싶다는 욕망이 없는 사람.

- 재물의 지름길만 찾아 헤매고 그에 응하는 노력을 하지 않고 얻을 궁리만 하는 사람. 이러한 현상은 특히 도박 습관이나 요행을 일삼는 데에 나타난다.

- 타인이 생각하는 일과 행동에만 정신이 팔려 있기 때문에 자신이 비난받을 것을 두려워하는 나머지 손수 계획을 세우거나 실행하지 못하는 일.

누구나 비난하는 것은 쉽다

우리는 몇 가지 우리의 적이 되는 것을 살펴왔다. 다음에는 비난받을 것을 두려워하는 것에 대해서 검토해보자.

대다수 사람들은 자신의 행위가 친척이나 친지 또는 일반인들에게 어떻게 비춰질지에 대해 의식한다. 그래서 자기 생각대로 결혼생활을 하지 못하는 대다수 사람들은 자신의 결혼을 그릇된 것이라고 생각하면서도 꾹 참고 일생을 불행과 비참 속에서 끝마치고 만다.

만일 이 잘못을 바로잡아 이혼이라도 한다면 남들에게 비난받을까봐 이러지도 저러지도 못하는 경우가 많다.

이와 같은 두려움과 공포심을 가진 사람은 그 공포로 인해서 대망이 깨어지고 자신감을 잃으며 목표 달성의 야심을 잃게 되는 큰 손실을 자초하고 만다.

남녀노소를 막론하고 무수한 사람들이 친척들에게 자기 생활을 파괴당하면서도 감수하는 것은 제3자의 비난이 두렵기 때문이다(어떤 관계의 사람이건 의무를 명분 삼아 개인의 뜻을 잃게 하고 그 사람의 독자적인 생활의 권리를 빼앗는 것은 용서할 수 없는 일이다).

사람들은 흔히 사업의 기회가 와도 그것을 붙잡으려 하지 않는다. 그 까닭은 기회라고 여겨 덤벼들었다가 실패했을 때 남들의 이목이 두렵기 때문이다. 그런 경우에는 성공하고 싶다는 욕망보다도 비난을 두려워하는 마음이 훨씬 더 강하기 때문이다. 또 목표를 높이 내걸기를 어려워하는 사람들이 너무나 많다. 그 사람의 능력으로 충분히 가능한 목표인데도 내세우지 않는 경우가 많은 것도 모두 그런 연유에서다.

앤드류 카네기는 성공 철학의 체계를 세우는 젊은이들에게 다음과 같이 말했다.

"자네 머리에 맨 처음 떠오르는 충동적인 사고는 남들이 뭐라고 말할까, 타인의 비판을 두려워하는 바로 그것일세."

이 조언을 받아들여 나는 여태까지 생각지도 못했던 높은 목표를 세우게 되었던 것이다.

내 마음속에는 핑계를 마련하고 변명을 늘어놓으려는 생각이 번개처럼 머리를 쳐들었는데, 그것은 모두가 '타인의 비판을 두려워하는' 데서 왔던 것이다.

비판에 대한 공포는 모든 아이디어를 파괴하는 힘을 지니고 있으므로 공포가 있는 한 아이디어가 구체화되고 행동에 옮겨지는 일은 절대로 없게 된다. 아이디어란 거의 모두가 갓난아이와 같이 연약하기 짝이 없다. 따라서 아이디어에 명확한 계획에 의거해 행동이란 생명을 넣어줄 필요가 있다.

아이디어는 탄생하자마자 곧 보호해줄 필요가 있다. 아이디어는 1분간이라도 더 오래 살아 있을 수만 있어도 자라날 가능성이 있다.

6

실패가 갖는 의미

끈기가 없다면
무슨 일을 하든 성공할 수 없다

실패라는 경험을 통해 끈기의 소중함과 위대함을 깨닫는 사람은 매우 적다. 세상에서 실패나 패배하는 것이 극히 일시적인 일에 지나지 않는다는 생각을 하지 못하는 사람들이 많다.

그 반면에 욕망을 끈기 있게 활용시킨 결과 실패를 승리로 돌릴 수가 있었다고 말하는 사람도 있다. 성공한 사람은 어느 누구를 막론하고 끈기를 가진 사람들이다. 그들이 끈기를 기르게 된 이유는 언제나 절박한 환경에 쫓기다보니 끈기를 발휘하지 않고서는 배길 수 없었기에 마침내 끈기의 소유자가 된 것이다.

성공을 거두는 요인 중에서 가장 큰 것이 바로 끈기다. 이 점을 잊지 말고 가슴에 간직해두고 일이 잘 안 되거나 진행이 늦어졌을 때에는 반드시 상기하도록 하라. 끈기를 습관처럼 몸에 지닌 사람은 실패의 경우를 위해 보험에 드는 것과 같이 난관에 부딪히더라도 침착한 태도를 보이게 된다.

끈기 있는 사람은 몇 번이고 좌절하고 패배를 당하더라도 최후에는 반드시 선두에 서곤 한다. 끈기만 있다면 어떠한 목표를 추구해도 반드시 성공을 하게 된다. 인생의 방관자의 위치에 서서 보면 참으로 많은 사람들이 패배한 채 두 번 다시 일어서지 못한 사실을 알 수 있다.

우리는 극히 드문 경우이긴 하지만 너무나 성공을 서두른 결과로 실패했다는 사람을 만나게 된다. 그러나 우리가 실패에 직면했을 경우 구제자가 되어 나타나는 '힘'은 보이지 않는 것이다. 그것을 이름한다면 그 힘을 끈기라고 부를 수밖에 없겠지만 실패했을 때엔 그것을 종횡무진으로 활약시키도록 하면 얼마나 좋을까?

여기에서 분명히 말할 수 있는 것은, 만약 끈기가 없다면 무슨 일을 하든지 간에 성공이라는 말에 보답할 만한 것은 무엇하나 달성할 수가 없다는 사실이다.

7

위대한 가능성에의 도전

오직 전진하고 일해라.
그것이 가장 현명한 방법이다

우리는 흔히 인간이 무한한 잠재력을 가진 존재라고 말한다. 그렇지만 그 말을 하기 전에 지적해 두어야 할 것이 있다. 다시 말해서 인간이 얼마나 미약하고 무력한 존재에 불과한 것인가 하는 점이다. 인간은 한낱 흔들리는 갈대에 불과하며 자연의 조그만 위력이나 거센 바람 한 번으로 능히 그 생명을 잃어버릴 수 있는 허약한 생명체에 불과하다. 파스칼의 말이 아니더라도 인간이 얼마나 미약한 존재인지는 능히 알 수 있다.

그렇다면 인간이 위대한 잠재력을 가진 존재라는 것은 무슨 말인가. 그것이야말로 인간이 무력하고 미약한 존재라는 것을 인식하고 극복함으로써 이루어지는 것임을 알아야 한다. 인간의 위대성은 인간의 무력함을 무시해서 이루어질 수 있는 것은 아니다. 도리어 그 반대이다. 인간의 무력함을 철저히 깨닫고, 느끼고, 알게됨으로 인하여 이로부터 출발되어 나온 정신의 노력이 인간의 위대성을 만든다.

따라서 인간의 위대성은 바로 인간의 미약함, 무력함을 뜻한다. 또는 인간의 한계, 무력함, 미약함을 철저히 깨달아 안다는 것이 인간의 위대성을 만든다고 할 수 있다. 그리하여 인간은 한갓 미약한 생명체에 불과한 것만도 아니며, 그렇다고 무조건 위대한 존재만도 아니다. 인간의 노력과 인간 능력의 계발 여하에 따라 미약한 존재도 되고 위대한 가능성을 갖춘 존재자가 되기도 한다.

인간이 위대한 잠재력을 가진 존재라는 말은 이런 뜻이다. 그 잠재력을 계발하지 않았을 때 인간은 결코 위대할 수 없다. 잠재력을 계발하고, 능력을 극대화하여 인간 조건을 극복하고 인간의 한계를 초극할 때 위대함이 나오는 것이다.

인류의 역사는 '위대하지 않은 인간'이 자신의 잠재력과 가능성과 상상력을 동원하여 위대한 그 무엇인가를 성취하고자 노력하는 창조정신으로 이루어졌다고 말할 수 있다.

인간 사회는 항상 불우한 환경에 처한 사람이 이를 극복하려는 정신력과 창의적인 노력으로 위대한 그 무엇인가를 얻어내고자 하는, '주어진 현실과 가능성 사이의 싸움터'라고 말할 수 있다.

주어진 현실에 무조건 순응, 복종하기만 할 때 인간의 잠재력은 영원히 매장되고 만다. 그러나 현실에 도전하여 보다 나은 무언가를 염원하게 될 때 인간의 잠재력은 신비에 가까운 능력을 발휘하여 인간을 바꾸어 놓고 인간이 살고 있는 세계를 바꾸어 놓게 된다.

9장

사고가
환경에
미치는
영향

1
환경은 사고에 의해 구체성을 띤다

나쁜 사고와 행동은
결코 좋은 결과를 가져올 수 없다

인간의 정신은 정원에 비유될 수 있다. 그것은 보기 좋게 가꾸어 질 수도 있고 황폐하게 버려질 수도 있다. 그런데 가꾸건 내버려두 건 간에 정원은 어떤 것을 생기게 한다.

만일 유익한 씨앗이 거기에 뿌려지지 않으면 쓸모 없는 잡초의 씨앗들이 거기에 떨어져 마침내는 잡초만 계속 자라게 될 것이다.

그러나 정원사가 자기의 정원에서 잡초를 제거하고 필요로 하는 꽃과 과일을 가꾸듯이 인간은 자기 마음의 정원에 자리잡고 있는 그릇되고 순수하지 못한 사고를 뽑아버리고 올바르고 유익한 사고 를 꽃피우고 가꿔야 한다.

올바르고 유익한 사고를 추구해가면 인간은 조만간에 자기가 자기 삶의 주체자임을 알게 된다. 그는 또한 자기 내부의 사고 법칙을 알아내서 정확한 자기의 성격, 환경, 운명을 형성하는 데 있어 어떻게 작용하는지도 알게 된다.

사고와 성격은 하나다. 그리고 성격은 환경과 상황을 통해 스스로의 모습을 드러내고 밝히듯이 인간 삶의 외부적 조건은 인간의 내적 상태와 언제나 조화 있게 관련되어 있다. 이 말은 어떤 특정한 시기의 인간의 환경이 그의 '전체' 성격을 드러낸다는 의미가 아니다. 다만 그러한 환경은 인간의 발달에 필요불가결한 인간 내면의 몇 가지 중요한 사고 요인과 밀접하게 관련되어 있다는 의미다.

모든 인간은 존재의 법칙에 의해 현재의 자기 위치에 있는 것이다. 그가 자기 내부에 일으켜 세웠던 사고에 의하여 여기까지 온 것이다. 삶의 과정에는 우연의 요소는 없다. 이는 주위 환경에 만족하고 있는 사람들뿐만 아니라 환경에 '조화를 이루지 못하고 있다'고 느끼는 사람들에 대해서도 사실이다.

인간은 자기 자신을 외적 조건에 의해 규정된 것이라고 믿는 한 환경의 괴롭힘을 받는다. 그러나 자기 자신이 창조자임을 깨닫고 지배하고 그로부터 자기 존재의 씨앗이 숨겨진 토양을 좌우할 수 있음을 깨달을 때 인간은 자기 자신의 진정한 주인이 된다.

얼마 동안 자제와 자기 정화를 행해온 사람들이면 누구나 주위 환경이 사고로부터 생성된다는 것을 알고 있다. 왜냐하면 그러한 사람들은 자기의 주위 환경이 정신적 사고의 결과만큼이나 변한다는 것을 알기 때문이다. 그리고 자기 성격의 결함을 치유하는 데 진지하게 전념하여 신속하고 두드러지는 진보를 보이는 사람은 연속되는 인생의 우여곡절에서 신속하게 빠져나갈 수 있게 된다.

정신은 그것이 비밀스럽게 마음먹은 바를 끌어당긴다. 그것은 사랑하는 것이나 두려워하는 것도 끌어당긴다. 정신은 그것이 품고 있는 포부의 저 높은 곳까지 미친다. 또한 억제가 풀린 욕망의 저 밑바닥까지 떨어지기도 한다. 그리고 정신은 주위 환경을 통해 스스로의 것을 받아들인다. 마음속에 뿌려져 거기에 뿌리내릴 수 있게 된 모든 사고의 씨앗은 스스로의 결과를 산출하고 조만간 행동으로 꽃피워지며 기회와 주위 환경에 대한 스스로의 열매를 맺는다. 좋은 사고는 좋은 열매를 맺으며 나쁜 사고는 나쁜 열매를 맺는다. 주위 환경이라는 외적인 세계는 사고라는 내적 세계에 의해 그 모습이 구체성을 띤다.

인간은 운명이나 환경의 횡포로 말미암아 감옥에 가는 것은 아니다. 인간은 천박한 사고와 고상하지 못한 욕망의 포로가 됨으로써 그렇게 전락해버리는 것이다.

문제성 없는 인간이 어떤 외적인 힘의 강압으로 갑자기 범죄의 구렁텅이로 떨어지는 것은 아니다. 범죄적 사고는 비밀스럽게 오랫동안 가슴속에서 자라온 것이고 기회가 오자 그렇게 응어리져 있던 것이 겉으로 표현되었을 뿐이다.

환경이 사람을 만들지 않는다. 환경이 그를 그 자신에게 드러내게 만든다. 사악한 의향도 없는데 인간을 악과 악에 기생하는 괴로움으로 전락시키지는 않는다.

그러므로 사고의 주인이며 주체로서의 인간은 자기가 자기를 만들며 환경을 조성해나간다. 인간은 바라는 바 그대로를 끌어 모으기 마련이다. 인간의 일시적인 변덕, 환상 및 야망은 하나의 단계에서 좌절되기도 하지만 인간의 마음속 깊이 내재하는 사고와 욕망은 여전히 존재한다. 더럽든 깨끗하든 '우리들의 목적에 맞는 형을 만드는 신성한 힘'은 바로 우리 자신의 내부에 있다.

　　인간은 오직 자기 자신에 의해서만 속박을 당한다. 사고와 행동은 운명의 감옥이다. 그것들은 인간을 천하게 속박해버린다. 그것들은 또한 자유의 천사이기도 하다. 그것들은 인간을 숭고한 차원으로 해방시키기도 한다. 인간은 자기가 바라고 기도한 바를 얻는 것이 아니고 자기가 올바르게 행한 바를 얻게 된다.

　　인간은 자기의 환경을 개선하기를 열망하면서도 자기 자신을 개선하려 하지 않는다. 스스로를 십자가에 못 박히기를 겁내는 사람은 마음에 품은 목적을 이루는 데 실패할 수밖에 없다. 이러한 사실은 중요한 점을 내포하고 있다. 돈을 버는 것이 유일한 목적인 사람조차도 그 목적을 달성하기에 앞서 커다란 개인적 희생을 무릅쓸 각오를 하지 않으면 안 된다.

　　얻는 것이 있으면 잃는 것도 반드시 있는 법이다. 균형 잡힌 삶을 영위하려고 하는 사람은 더욱 그러하다.

　　인간은 스스로 자기의 환경을 만들고─대부분 무의식적이기는 하지만─선한 목적을 추구하면서도 그러한 목적과 조화될 수 없는 사고와 욕망을 조장함으로써 실제로는 목적의 성취를 끊임없이 방해하고 있다.

좋은 사고와 행동은 결코 나쁜 결과를 일어나게 할 수 없다. 나쁜 사고와 행동은 결코 좋은 결과를 가져올 수 없다. 이것은 결국 콩 심은 데 콩 나고 팥 심은 데 팥 난다는 말이다. 인간은 자연의 세계에 있어 이러한 법칙을 알고 그것에 입각하여 살아간다.

그러나 정신과 도덕의 세계에 있어 이 법칙을 이해하고 있는 사람은 거의 없고—정신계에 있어 그 법칙의 작용이 자연계와 마찬가지로 단순 소박해 빗나가는 법이 없음에도 불구하고—그런 까닭에 그러한 법칙에 대다수가 맞추어 살아가지 못하고 있다.

고통은 어떤 의미에서는 언제나 그릇된 사고의 결과로 나타나는 것이다. 그것은 한 개인이 자기 자신 및 자기의 존재 법칙과 조화되어 있지 못함을 나타내는 것이다. 고통을 잘 이용하는 유일한 길은 그 고통을 통해 무익하고 불순한 모든 것을 태워버리고 정화하는 것이다.

순수한 사람에게는 고통이 멎기 마련이다. 불순물을 제거한 금은 정련할 필요가 없듯이 완전히 정화되고 각성된 인간에게는 이미 괴로움이 파고들 여지가 없다. 어떤 인간이 고통에 직면하도록 만드는 주위 환경은 바로 그 자신의 정신적 부조화에서 나오는 결과이다. 행운이 찾아오는 환경도 바로 그 자신의 정신적 조화의 결과이다. 행운—물질적인 재산이 아니라—은 올바른 사고의 척도이다. 불행—꼭 물질적으로 빈궁한 불행이 아니라—은 그릇된 사고의 척도가 된다. 어떤 인간은 저주를 받았으나 부자일 수도 있고, 어떤 인간은 축복을 받았지만 가난할 수도 있다. 축복(행운)과 부는 그 부가 올바르고 현명하게 사용될 때만 하나로 집합된다.

가난한 사람은 자기 자신의 운명을 부당하게 부과된 짐으로 여길 때 불행한 상태로 전락할 뿐이다.

빈곤과 방종은 불행의 양 극단이다. 이 두 가지는 모두가 변태적인 것으로 정신장애의 결과에서 온다. 사람은 행복하고 건강하고 윤택한 존재가 되어야만 비로소 올바른 조건을 확보하게 된다. 그리고 행복, 건강, 번영은 내부와 외부, 인간과 인간의 환경이 조화로운 결과이다.

인간은 투덜대거나 욕설을 하지 않고 그의 삶을 규정짓는 정의를 찾기 시작할 때 비로소 인간이라 할 수 있다. 그리고 그가 자기의 정신을 이 규정 요소에 적응할 때 그는 그의 생존 조건의 원인을 타인에게 전가하지 않고 다른 사람을 비난하지 않게 되고 강력하고 고상한 사고를 스스로 지니게 된다. 여기서 그는 환경에 거역하기를 멈추고 그 대신 환경을 자기 내부의 숨겨진 힘과 가능성을 발견하는 수단으로써 '이용'하기 시작한다. 혼란이 아니라 법칙은 우주의 으뜸가는 원리다. 부정이 아닌 정의는 삶의 정수이며 본질이다.

부패가 아닌 정직은 이 세계의 영적 지배를 만들고 움직이는 힘이다. 인간은 자신을 곧게 펴기만 하면 우주의 원리를 발견할 수 있다. 이 같은 진리의 증거는 인간의 내부에 있으므로 체계적인 자기반성과 자기 분석을 통해 그것에 접근할 수 있다.

어떤 사람으로 하여금 급격하게 그의 사고를 변화시키도록 해보

라. 그러면 그는 그것이 가져오는 그의 삶의 물질적 조건의 급격한 변화에 놀라게 될 것이다. 사람들은 사고란 깊숙이 숨겨져 드러나지 않게 할 수 있다고 생각한다. 그러나 그럴 수는 없다. 사고는 빠른 속도로 습관으로 구체화되고, 또한 습관은 환경으로 굳어진다.

인간은 '직접적으로' 자기의 환경을 택할 수는 없다. 그러나 인간은 자기의 사고를 선택할 수 있다. 그러므로 간접적으로 자기의 환경을 만들 수 있다. 사람이 가장 간절하게 소망하는 사고를 실현시킴에 있어 자연은 모든 인간을 돕는다. 좋은 사고이건 나쁜 사고이건 가장 빠르게 표면에 나타나는 기회는 주어진다.

좋은 사고를 조장해보라. 그리하면 가혹한 운명이 불행과 수치에 우리를 얽매는 일은 일어나지 않으리라.

세상은 만화경이며 순간순간마다 세상이 우리에게 제시하는 다양한 빛깔의 변화는 끊임없이 움직이는 우리의 사고가 정교하게 조정한 아름다운 그림이다.

'너희는 너희가 의도하는 바대로의 모습을 보리라.'

실패하는 자는 자기의 생각이 잘못된 줄 모르고 졸렬하게 '환경'을 탓한다. 그러나 영혼은 그것을 경멸한다.

'영혼은 시간을 주재하고 공간을 정복하네. 그것은 뽐내는 사기꾼 우연을 겁주고, 횡포한 폭군 환경의 왕관을 벗게 만들고 종의 신세로 폭군을 몰아낸다네.'

'인간의 의지라는 그 보이지 않는 힘, 불멸의 영혼의 소산인 그 의지는 목적이 무엇이건 그것에 이르는 길을 닦아줄 수 있네.'

2

건강도 사고의 영향을 받는다

신체를 새롭게 하고 싶다면
우선 마음부터 새롭게 하라

　신체는 정신의 외양이다. 신체는 정신의 기능에 따르는 법이다. 그 기능이 신중하게 골라진 것이건 자동적으로 표현된 것이건 신체는 복종하게 마련이다.

　자연의 법칙에 어긋나는 사고를 하면 신체는 그 사고를 따라 급격하게 질병과 부패에 빠져버린다. 기쁘고 아름다운 사고를 하면 그 사고의 명령에 따라 젊음과 아름다움이 신체에 깃든다. 질병과 건강은 환경과 마찬가지로 사고에 근원을 두고 있다.

　아플 생각을 하면 몸이 아파지기 마련이다. 공포에 가득 찬 사고는 인간을 죽일 수도 있으며, 수많은 사람을 지금도 계속해서 죽음의 골짜기에 몰아넣고 있다. 걱정은 빠른 속도로 온몸의 원기와 사기를 저하시키고 질병이 들어올 수 있도록 문을 활짝 열어놓는다.

불결한 사고는 비록 육체엔 이상을 가져오지 않지만 얼마 지나지 않아 신경계를 박살내버린다.

강렬하고 순수하고 행복한 사고는 활기에 차고 우아하고 아름다운 신체를 만든다. 신체는 민감하고 감수성이 빠르므로 그것에 영향을 미치는 사고에 쉽게 감응한다. 그리고 사고의 습관은 그 자체의 결과를 신체를 통해 드러낸다. 좋은 결과인가 나쁜 결과인가를 가리지 않고 말이다.

깨끗한 마음에서 깨끗한 생명과 깨끗한 신체가 나오는 법이다. 사고는 행동과 생명의 원천이다. 샘이 맑아지면 거기서 나오는 모든 것이 맑다. 사고를 바꾸지 않고 음식을 바꾼다고 해서 인간에게 무슨 도움이 되겠는가.

사고를 깨끗하게 하면 습관이 깨끗해진다. 신체를 개선하고 싶거든 정신을 지켜라. 신체를 새롭게 하고 싶다면 마음을 곱게 써라. 악의, 질투, 실망, 낙담의 사고는 신체의 건강한 아름다움을 앗아간다. 뚱한 얼굴은 우연히 생기는 것이 아니다. 그것은 뚱한 생각에 의해 만들어진다. 얼굴에 자국을 남기는 주름살은 어리석음, 걱정, 자존심에 의해 그려진다.

나는 96세가 되었는데도 밝고 순진무구한 소녀의 얼굴을 가진 여인을 알고 있다. 또한 젊은데 조화가 깨진 외관을 하고 꾸부정해 있는 사람을 알고 있다. 전자는 명랑하고 따스한 기질에서 나오는 결과이며, 후자는 걱정과 불만 속에서 나온 결과이다.

태양 광선과 공기가 자유롭게 들어오지 못하면 안락하고 건강에 좋은 거처를 만들 수 없듯이 마음속에 기쁨과 선의와 평정이 자유로이 깃들지 못하면 밝고 온화한 얼굴과 강한 신체를 가질 수 없다. 나이든 사람의 얼굴에는 연민의 정에 의해 생긴 주름살이 있다. 또 다른 사람의 얼굴에는 강렬하고 순수한 사고에 의해 생긴 주름살이 있다. 또 다른 이들의 얼굴에는 걱정에 의해 패인 주름살이 있다.

덕성을 가지고 살아온 그런 사람들은 연륜이 들수록 조용하고 평화롭게 기울어지는 석양처럼 부드럽게 물들며 원숙의 길을 간다.

신체의 질병을 치유하는 데 즐거운 사고를 하는 것만큼 좋은 의사는 없다. 비탄과 슬픔의 그림자를 흩어버리는 데 있어 의지처럼 좋은 위안자는 없다. 악한 의지, 냉소, 의혹, 질투심에 사로잡혀서 사는 것은 스스로 만든 굴레에 자기 자신을 가두는 것이다.

모든 사람에 대한 평화로운 사고로 매일매일을 사는 사람에게는 아늑한 평화가 찾아오기 마련이다.

3

공포와 불안을
용기와 신념으로 바꿔라

어떠한 공포가 다가온다고 해도
용기와 신념으로 맞서면 두려울 게 없다

소극적인 인생의 특색은 출발하기 전에 먼저 낙오하는 데서 찾아볼 수 있다. 먼저 겁, 공포, 무력에 휩싸이는 것이다.

대자연은 예전부터 적자생존이라는 원칙에 의하여 이러한 유형의 인간을 도와주지 않고 있다. 소극적인 사람은 인생의 탈주자이다. 무슨 일을 할 때마다 다른 사람의 의견을 타진하면서 행동하는 사람이 있는데, 이것은 그 사람이 적극적 신념을 갖지 못한 증거이다.

이와 마찬가지로 우리의 인생에서 매사에 방어적인 입장을 취하는 태도 역시 바람직한 것은 아니다. 일이 뜻대로 되지 않고 자기도 모르는 사이에 수세에 몰리게 될 경우에는 곧 역전을 시켜야 한다. 그리고 강력한 공세로 전환시킬 수 있는 상황 판단이 요망된다. 왜냐하면 방어라는 것은 패배를 준비하는 태도에 지나지 않기 때문이다.

반대로 공세는 승리를 약속해주는 요인이 된다.

따라서 인생의 최대의 적은 불안감과 공포감이다. 불안과 공포에서 벗어나지 못하는 한 어떠한 일도 성취하지 못할 것이다.

우리가 병에 걸리는 것도 자세히 관찰해보면 불안과 공포가 인체의 신진대사 구조를 약하게 만들기 때문이다. 공포는 소화불량, 알레르기성 반응 등 여러 가지 생리적 반응을 일으킨다. 그러므로 무엇보다도 공포감, 불안감을 일소해버리고 언제나 적극적, 진취적, 낙관적 자세를 지니도록 해야 한다.

우리가 일상생활에서 흔히 겪게 되는 일인데, 오랜 기간 겁내던 일을 직접 맞닥뜨릴 경우 실제 자기가 상상하던 것보다 훨씬 쉽게 일이 해결되어 자신이 가졌던 지나친 공포심이 오히려 부끄럽게 생각되는 경우가 많다. 이 말은 매우 중요한 점을 시사하고 있다.

우리는 미리 겁을 집어먹고 출발해보기 전에 위축되는 자세에서 벗어나야 한다. 그와 아울러 불안, 공포에서 벗어날 수 있는 길을 찾아야 한다. 그 방법은 우리의 사고를 적극적으로 바꾸는 것이며, 그 힘은 각자의 의지와 노력의 정도에 따라 결정된다. 그러나 어느 순간은 적극적이고 어느 순간은 소극적으로 된다는 식으로 변화무쌍해서는 안 된다.

인생의 승부도 쉬지 않고 계속하는 데 있다. 승리를 원한다면 좋든 싫든 간에 전력을 다하여 극복하지 않으면 안 된다. 즉 성공하기 위한 유일한 방법은 적극적인 공세로 나가는 길밖에 없다. 우리의 인생이 테니스 운동장이라면 날아오는 공을 넘겨주어야 할 자세에서 물러서면 안 된다. 테니스 공은 우리가 받을 가능성과 받지 못할 두 가지 가능성을 안고 날아온다. 그 두 가지 가능성에서 우리가 미리 받지 못한다고 규정하고 불안, 공포에 싸이게 되면 결국 받지 못하게 된다. 어떠한 공포가 닥쳐올지라도 용기를 가지고 맞선다면 그것만으로도 공포에게는 치명적인 일격이 될 것이다.

용기와 신념으로 무장된 인간에게 공포, 불안이라는 요소는 결코 적수가 될 수 없다. 호랑이에게 물려가도 정신을 차리면 산다지 않는가.

패배, 고뇌, 번민, 실의, 공포를 택하느냐, 아니면 희망, 용기, 행복, 성공, 건강, 부를 택하느냐는 오로지 우리 자신에게 달려 있다.

그것은 내 자신의 사고를 좌우할 수 있는 것은 오직 나뿐이기 때문이다.

4

사고는 행동을 결정한다

적극적인 사고를 하면 적극적인 행동을 하고
소극적인 사고를 하면 소극적 행동을 하게 된다

인간의 성격은 어떻게 형성되는가? 성격 형성의 방법과 과정은 무엇인가? 성격 형성의 제1단계는 자각이요, 사고다. 먼저 우리의 마음속에 새로운 자각과 사고가 생겨야 한다.

예를 들면, 나는 부지런한 사람이 되겠다, 성실한 사람이 되겠다, 책임감이 강한 사람이 되겠다고 하는 새로운 자각과 새로운 생각이 우리의 마음속에 일어나야 한다. 교육은 먼저 우리의 정신 속에 새로운 자각과 생각을 불러일으켜야 한다. 인간 혁명 중에서 자각의 혁명, 사고의 혁명, 의식구조의 혁명, 정신자세의 혁명처럼 중요한 것이 없다.

새 사람이란 새로운 생각과 새로운 자각을 갖는 사람이다. 낡은 사람이란 낡은 사고를 갖는 사람이다.

파스칼은 "인간은 생각하는 갈대"라고 했다. 데카르트는 "나는 생각한다. 고로 존재한다"고 말했다.

사고가 인간의 근본이다. 생각이 사람의 중심이다. 인간에게서 생각과 사고를 빼고 나면 무엇이 남겠는가. 인간의 인간다움은 생각하는 데 있다.

성격 형성의 제2단계는 행동이다. 사람은 새로운 생각, 새로운 사고를 하면 반드시 새로운 행동을 하게 된다.

사고가 행동을 결정한다. 사람은 생각하는 대로 행동한다. 행동은 사고의 산물이요, 사고의 결론이다. 사고는 행동의 원동력이요, 행동의 시발점이다.

사람은 어떻게 생각하느냐에 따라서 어떻게 행동하느냐가 결정된다. 낙천적 사고를 하면 낙천적 행동을 하고, 비판적 사고를 하면 비판적 행동을 한다. 적극적 사고를 하면 적극적 행동을 하고, 소극적 사고를 하면 소극적 행동을 한다. 퇴폐적 생각에서 퇴폐적 행동이 나오고, 창조적 사고에서 창조적 행동이 나온다. 그러므로 사람의 행동을 바꾸려면 먼저 그 사람의 생각과 사고를 바꾸어야 한다. 그러나 사고는 사고에 머물러서는 안 된다. 사고는 행동으로 표현되어야 한다.

생각하는 데 큰 의미와 가치가 있는 것이 아니다. 행동하는 데 중요한 의미와 가치가 있다. 사고가 중요한 것이 아니라 행동이 중요하다. 지(知)를 위한 지가 아니고 행(行)을 위한 지다. 우리는 생각하기 위하여 생각하는 것이 아니라 행동하기 위하여 생각한다. "태초에 행동이 있었다"고 괴테는 말했다. 영국의 문필가 칼라일은 "인생의 목적은 행동에 있는 것이지 사상에 있는 것이 아니다"라고 말했다. "현명한 사고보다는 신중한 행동이 중대하다"고 로마의 철학자 키케로는 외쳤다.

　꽃이 열매를 맺기 위해서 피듯이, 사고는 행동으로 결실을 맺을 때 의미와 가치가 있다.

5
행동의 반복은 습관을 형성한다

습관은 일정한 행동 방향이므로
좋은 습관을 들이도록 노력하라

성격 형성의 제3단계는 습관이다. 행동을 되풀이하면 반드시 습관이 생긴다. 습관은 일정한 행동 경향이다. 같은 행동을 오랫동안 되풀이할 때 하나의 습관이 형성된다. 한 번 습관이 생기면 그 습관에서 벗어나기 힘들다.

"습관은 폭군과 같은 무서운 힘으로 우리를 지배한다. 인간은 습관에 종속된다"고 영국의 철학자 흄은『인간오성론』에서 말했다.

여러 가지의 습관이 뭉쳐서 하나의 인간을 만든다. 인생에서 습관처럼 중요한 것이 없다. 습관은 제2의 천성이 된다. 사람이 이 세상에 태어날 때 성질은 서로 비슷하지만 습관에 의해서 서로 많은 차이가 생긴다는 것이다.

무슨 일이나 노력하지 않고 쉽게 할 수 있는 것이 습관의 특색이다. 습관은 인간의 시간과 정력을 절약해준다. 아침에 일찍 일어나는 습관이 생긴 사람은 아무 노력을 안 해도 저절로 일찍 일어날 수 있다. 그러나 늦게 일어나는 습관이 생긴 사람은 아침 일찍 일어나려면 큰 어려움과 노력이 반드시 따라야 한다. 그러므로 우리는 나쁜 습관을 없애야 하는 동시에 적극적으로 좋은 습관을 형성해야한다.

좋은 습관의 소유자는 좋은 행동을 쉽게 할 수 있다. 습관은 인생에서 대단히 중요한 의미를 갖는다.

나무에 새긴 글자는 좀처럼 변하지 않는다. 그러므로 우리는 좋은 습관을 어려서부터 형성해야 한다. 습관이 굳어지면 성격이 형성된다. 성격은 일정한 행동형이다. 한 번 성격이 만들어지면 일생 동안 거의 변하지 않는다. 성실한 성격은 언제나 성실한 행동을 하고, 부지런한 성격은 언제나 부지런한 행동을 한다.

"좋은 나무는 좋은 열매를 맺고, 나쁜 나무는 나쁜 열매를 맺는다."고 예수는 마태복음에서 갈파했다. 좋은 나무에서 나쁜 열매가 맺지 않고 나쁜 나무에서 좋은 열매가 열리지 않듯이, 좋은 성격에서 나쁜 행동이 나오지 않고 나쁜 성격에서 좋은 행동이 나올 수 없다.

"우리의 성격은 우리의 행동의 결과"라고 아리스토텔레스는 말했다. 행동이 성격을 낳고 성격이 행동을 낳는다. 게으른 행동에서 게으른 성격이 만들어지고, 게으른 성격에서 게으른 행동이 나온다. 성격과 행동은 밀접한 상호작용을 한다. 성격은 인간의 변하지 않는 행동의 틀과 같다.

성격은 이랬다저랬다 하지 않는다. 성격은 시종 여일한 것이요, 전후 일관한 것이다. 성격은 한결같은 것이요, 믿을 수 있는 것이다.

❝ 성격은 운명을 인도한다 ❞

참으로 우리가 믿을 수 있는 것은 사람의 성격뿐이다. 성실한 성격, 책임감이 강한 성격, 부지런한 성격, 협동적인 성격 등은 믿을 수 있다. 한때의 기분이나 감정이나 이해관계에서 나오는 행동은 절대로 믿을 수가 없다.

그때의 기분이나 감정이나 이해관계에 지배되지 않고 일정한 원칙과 확고한 생각에 따라서 행동하는 것이 성격의 특색이다. 이상적인 성격을 형성하는 것이 교육의 첫 번째 목표다.

에디슨의 성격이 에디슨의 운명을 지배했다. 돈키호테의 운명은 돈키호테 성격의 산물이다. 바람직한 성격이 행복한 운명을 만든다. 나쁜 성격이 불행한 운명을 만든다. 성격은 운명을 인도한다. 운명은 성격의 산물이다. 행복한 운명을 원하면 모름지기 바람직한 성격의 소유자가 되어라. 당신이 만약 나쁜 성격을 가졌다면 반드시 불행한 운명을 겪게 될 것이다.

사고가 행동을 지배하고 행동이 습관을 지배하고 성격이 운명을 지배한다. 사고 · 행동 · 습관 · 성격 · 운명이라는 인생의 방정식이 성립한다.

  그러므로 사람의 운명을 바꾸려면 성격을 바꾸어야 하고, 사람의 성격을 바꾸려면 습관을 바꾸어야 하고, 사람의 습관을 바꾸려면 행동을 바꾸어야 하고, 사람의 행동을 바꾸려면 사고를 바꾸어야 한다.

  인생에서 이상적 성격의 형성처럼 중요한 것이 없다. 자신의 행동의 결과를 살피고 시정한 다음에는 몇 번이고 반복하여 자기의 운명을 행복으로 이끌기를 바란다.

6
개인의 성격이 모여 국민성을 이룬다

인간에게 있어서
성격은 으뜸 되는 가치다

인간의 소유, 인간의 가치 중에서 가장 소중한 것은 바람직한 성격이다. 성격은 인간 존재의 뿌리요, 기초요, 원천이다. 우리의 말과 행동, 우리의 생활과 태도는 모두 우리의 성격의 표현이요, 반영이다. 우리의 모든 말과 행동 하나하나는 성격의 표현이다. 강물의 줄기를 더듬어 올라가면 그 원천에 도달하게 된다. 원천이 크면 물줄기가 크고 원천이 적으면 물줄기가 고갈되고 만다. 나무의 가지나 줄기는 모두 뿌리에서 발생한다.

뿌리가 튼튼하면 줄기와 가지가 힘차게 자란다. 뿌리가 약하면 줄기와 가지도 빈약해질 수밖에 없다. 나무의 뿌리가 깊으면 잎사귀가 무성하다. 인생의 뿌리에 해당하는 것이 바로 성격이다. 튼튼한 집을 지으려면 먼저 그 기초가 견고해야 한다. 큰집을 지으려면 먼저 기초 작업부터 튼튼히 해야 한다. 성격은 기초에 해당한다. 우리는 성격의 기초 위에 인생의 집을 짓는다. 좋은 성격, 생산적 성격, 이상적 성격, 바람직한 성격은 인간이 갖는 가장 중요한 가치요, 가장 근본이 되는 가치다.

성격은 인간의 근본적 가치라고 할 수 있다.

"성격은 인간의 생애를 지배하는 레몬"이라고 독일의 시인 하이네는 말했다. 성격은 인간의 운명을 지배하고 생애를 좌우한다. 세상에 성격처럼 중요한 것이 없다. 우리가 행복한 인생을 살고 가치 있는 생활을 하려면 먼저 훌륭한 성격을 형성해야 한다. 올바른 가치관을 확립하는 기초 작업의 하나는 이상적 성격의 형성이다. 훌륭한 성격이 형성될 때 위대한 개인이 탄생하고, 훌륭한 국민성이 형성될 때 위대한 국가가 만들어진다. 위대한 국민성의 건설은 훌륭한 나를 건설하는 근본이다.

일찍이 덴마크의 뛰어난 사상가요, 시인이요, 교육자요, 문필가였던 그룬트비그는 위대한 덴마크의 건설은 위대한 국민성의 건설에 있다고 확신하고 이 목표를 달성하기 위하여 국민고등학교를 창설했다. 그는 이렇게 말했다.

"우리 덴마크 사람은 힘에 의해서가 아니고 국민성에 의해서 다시 한 번 더 위대해집시다."

옛날 덴마크 사람들은 바이킹으로 유명했다. 바이킹은 덴마크의 해적이다. 덴마크의 조상들은 해적이 되어 전 유럽을 전율케 했다. 이제 덴마크 사람들은 그러한 폭력에 의해서가 아니라 위대한 국민성을 형성하여 유럽의 훌륭한 모범이 되자고 그룬트비그는 강조했다.

오늘날 덴마크 국민은 신용과 근면과 협동으로 지상낙원을 이루었고, 복지국가의 모델이 되었다. 세계에서 신용조합과 협동조합이 가장 발달한 곳이 덴마크다.

덴마크의 제품은 전 세계에서 신용과 정직의 대명사가 되었다. 그들은 세계에서 가장 잘 사는 이상 사회의 본보기를 만들었다. 그 원동력이 바로 덴마크의 위대한 국민성이다. 뛰어난 국민성은 국가의 가장 중요한 자본이요, 민족 부강의 원동력이다.

세상에 바람직한 성격처럼 귀중한 가치가 없다. 성격은 인간의 으뜸가는 정신적 가치요, 목적적 가치요, 본질적 가치다.

그러므로 우리는 먼저 바람직한 성격을 형성해야 한다.

7
성격이란 이름의 나무

이상적 성격은 높은 목표를 수립하고
끝까지 관철할 수 있는 능력을 가지고 있다

성격은 우리의 행동의 결과요, 행동은 우리의 성격의 표현이다. 인생은 예술이요, 성격은 작품이다. 성격은 운명의 어머니요, 운명은 성격의 산물이다.

우리의 성격이 우리의 운명을 지배하고 결정한다. 행복은 성격의 표현이요, 성격의 소산이다. 행복은 성격의 아들이요, 딸이다.

괴테의 말처럼 재능은 혼자서 키울 수 있지만 성격은 세파 속에서 형성된다. 여러 가지의 인간관계와 사회적 경험과 일상생활 속에서 우리의 성격이 서서히 형성된다. 성격은 나무와 같다. 갑자기 성장하지 않는다. 점진적으로 자란다. 예수의 말처럼 과일을 보고 그 나무를 알 수 있듯이, 그 사람의 행동을 보고 그 사람의 성격을 알 수 있다.

행복은 성격의 나무에서 핀다. 그러면 바람직한 성격, 좋은 성격, 이상적 성격은 어떤 성격일까? 생산적 성격이요, 창조적 성격이다. 생산적 성격은 곧 성숙한 성격이요, 건전한 성격이다. 그러면 생산적 성격, 창조적 성격, 이상적 성격은 어떤 특색과 요소를 갖는가?

첫째로 올바른 신념, 사상, 인생관, 가치관을 가져야 한다. 지혜를 가지고 올바른 사리판단을 해야 한다. 무엇이 옳고 무엇이 그른지, 무엇이 선하고 무엇이 악한지, 무엇이 중요하고 무엇이 중요하지 않은지를 바로 판단해야 한다. 그릇된 신념이나 사상이나 인생관이나 가치관을 가질 때 절대로 이상적 성격이 될 수 없다. 이상적 성격은 먼저 밝은 지혜와 총명한 지성을 지녀야 한다.

지자불혹(知者不惑)이라고 공자는 말했다. 지혜 있는 자는 판단이 흐려지지 않는다는 뜻이다. 신념은 힘이다. 옳은 신념에서 옳은 행동이 나온다. 사상은 빛이다. 옳은 사상에서 옳은 실천이 나온다. 먼저 우리는 밝은 지혜를 가져야 한다.

둘째로 이상적 성격은 강한 의지력을 가져야 한다. 자기의 신념대로 행동하고 자기의 생각대로 살아가려면 강한 의지력이 필요하다.

이상적 성격은 높은 목표를 수립하고 그것을 끝까지 관철하고 실현할 수 있는 능력을 가져야 한다. 우리는 부단히 의지력을 연마해야 한다. 반석처럼 굳건한 성격을 형성해야 한다. 뿌리깊은 나무는 바람에 흔들리지 않는다. 수원이 깊은 강물은 결코 마르지 않는다. 우리의 성격은 나무의 굵은 뿌리처럼 강하고 깊어야 한다. 용기 있는 자는 두려워하지 않는다. 이상적 성격은 용기의 덕이 필요하다.

셋째로 이상적 성격은 적극적 생활관을 가져야 한다.

좋은 결과는
적극적인 사고방식에서 나온다

환경이 생각을 만드는 것이 아니라
생각이 환경을 만든다

이 장은 인간의 성질에 대한 중요한 사실을 이야기하고 있다. 당신은 당신 장래가 실패하거나 불행하게 될 것이라고 생각할 수도 있고, 또 성공하여 행복하게 될 것이라고 생각할 수도 있다. 당신이 생활하고 있는 세계는 원래 외부 조건이나 환경에 의하여 결정되는 것이 아니고 습관적으로 당신의 마음을 차지하고 있는 생각에 따라 결정되는 것이다. 위대한 철학자이자 황제인 마르쿠스 아우렐리우스의 "인간의 생애는 그 사람의 사상에 의하여 만들어진다"라는 말을 잘 새겨두기 바란다.

미국이 낳은 위대한 현인 에머슨은 다음과 같이 단언하고 있다.

"하루종일 그가 생각하고 있는 것이 그 사람의 정체이다."

생각은 실제로 동적인 힘을 가지고 있다. 당신은 사고방식에 따라 자기 자신을 나쁘게 할 수도 있고, 좋게 할 수도 있다. 당신이 편견으로 사물을 생각한다면 당신은 그 사고방식이 지시하는 상태를 유지한다. 또한 그 사물에 대해서 다른 방향으로 생각한다면 전혀 다른 상태를 창조할 수도 있다. 환경이 생각을 만드는 것보다 훨씬 강력하게 환경은 생각에 의하여 만들어지는 것이다.

예를 들면, 사물을 적극적으로 생각한다면 적극적인 결과를 가져오는 힘을 발휘할 수 있게 된다. 적극적인 사고방식을 하면 적극적인 결과를 가져오며, 조건이 좋은 환경을 자기 신변에 만들어내는 것이다.

이와 반대로 소극적인 사고방식을 하면 소극적인 결과를 초래하는 데 알맞은 분위기를 신변에 조성하게 된다. 그래서 환경을 변혁하기 위해서는 먼저 사고방식을 바꾸지 않으면 안 된다. 불만스러운 환경을 수동적으로 받아들이지 않고 바람직한 환경을 마음속에 그린다. 이 영상을 자세히 그려서 계속 지니고 기원하며 거기에 전심전력한다면, 정신적 영상은 소극적인 사고방식을 강하게 밀고 나갈 수 있으며, 당신의 염원을 실제로 성취할 수 있게 된다. 이것은 우주의 위대한 법칙 중의 하나이다. 이 위대한 법칙을 간결하게 표현한다면, 만일 당신이 소극적인 입장에서 생각한다면 소극적인 결과를, 적극적 입장에서 생각한다면 적극적인 결과를 달성할 수 있다는 것이다.

이것을 요약하면 이렇다. 믿어라, 그러면 성공할 것이다.

10장

만병의 근원인
스트레스를
해소하는 방법

1
희망적인 사고가 기적을 일으킨다

희망적인 사람은 신념과 희망을 가지고
어둠을 밝혀 기적을 창조할 수 있다

기적을 창조할 수 있는 비결은 무엇인가? 무엇보다도 먼저 당신은 목표가 있어야 한다. 허무맹랑한 목표가 아니라 실현 가능성이 있는 뚜렷한 목표를 가져라.

당신은 당신이 하고 싶은 것을 알아야 하고, 어디로 가고 싶은지를 알아야 하고, 어떤 사람이 될 것인가를 알아야 한다. 그리고 그것을 믿고 의심하지 말아야 한다.

그 다음 할 일은 당신의 목표가 올바른 것인지를 확인해야 한다. 왜냐하면 근본적으로 나쁜 것은 아무리 노력한다고 해도 올바른 것이 될 수 없기 때문이다.

그런 다음 당신의 목표가 잠재의식 속에 잠길 때까지 언제나 의식하고 다녀야 한다. 그리고 당신은 소극적인 사고가 아니라 적극적인 사고로 당신의 목표를 밀고 나가야 한다.

'끼리끼리 모인다'는 말이 있다. 부자는 부자끼리, 없는 이는 없는 이들끼리 모인다.

생각도 이와 마찬가지로 소극적인 생각을 하면 소극적인 사람이 된다. 적극적인 방향으로 행동하고 일하라. 그러면 계속적으로 도움이 되는 생각만을 하게 된다. 적극적인 사람은 절대 중단하지 않는다. 신념을 갖고 행동하고, 할 수 있다고 생각하기 때문에 그들은 반드시 성공할 수 있게 된다.

꿈은 실현된다. 목표를 달성하고야 말겠다, 기적이 일어난다 등의 신념을 가지고 끈기 있게 밀고 나가면 당신은 목표와 기적을 실현시킬 수 있다.

물론 이러한 기적에 관한 이야기를 하면 어떤 사람은 이렇게 공박할 것이다. 기적은 위대한 것이다. 그러나 나와 무슨 상관이 있는가? 나는 천재도 아니다. 나는 평범한 사람이다. 나는 내세울 권력도 돈도 없다. 나 같은 자가 무슨 기적을 창조할 수 있단 말인가? 그러나 그러한 질문에 대한 답은 이것이다.

"당신도 기적을 만들 수 있다."

왜냐하면 당신도 알듯이 할 수 있다고 생각하면 할 수 있기 때문이다.

생각하고 믿고 일하면서 사람들을 올바르게 대하고 최선을 다해서 그들을 도와라. 그러면 당신은 기적을 낳을 수 있다. 그러나 자기 자신을 과소평가하는 자는 절대로 기적을 창조할 수 없다. 왜냐하면 그는 자기 자신과 찾아오는 기회에 대해 무관심하고 무시하기 때문이다. 그러나 자신의 사고방식을 바꾼다면, 다시 말해서 자기의 일, 자기의 기회, 자기의 소질 그리고 사람들과 자기 자신에 대한 자세를 바꾼다면 그는 새 마음으로 기적을 창조할 수 있을 것이다.

우선적으로 해야 할 일은 희망적으로 생각하는 것이다. 희망적인 사람은 분명히 최선을 다해서 자신의 삶에 임할 것이다. 또한 올바르게 생각하는 것이 중요하다. 그래야만 올바른 결과를 가져올 수 있다. 우리가 당면한 문제의 해결책이 분명히 있다고 가정하고 그것에 힘써야 한다.

무슨 일이든지 불가능하다거나 실패할 것이라고 생각하지 말라. 마음만 올바르게 먹는다면 어떤 문제라도 처리할 수 있다는 사실을 명심하라.

희망적으로 생각하고 정신력을 발휘하라. 그러면 상황은 지금보다 더 개선될 것이다. 희망적인 사람은 희망과 신념을 가지고 어둠을 밝히고 기적을 창조하게 된다.

그러나 절망적인 사고를 가지고 있는 한 당신은 언제나 패배자가 되고 말 것이다.

2
실패를 겁내지 말라

목표를 달성할 수 있다고 상상하는 사람은
분명히 그것을 달성할 수 있다

자기의 목표를 달성할 수 있다고 상상할 줄 아는 사람은 꾸준히 노력하기 때문에 그 목표를 달성할 수 있다. 정신적인 비전은 중요하다.

왜냐하면 우리는 자기 이미지대로의 사람이 되기 때문이다. 우리가 생각하는 것, 우리가 마음속에 그려보는 것, 우리가 상상하고 구상하는 대로 되기가 쉽다.

사람들은 어떤 사건이나 이야기를 통해서 자극을 받는다.

오래 전에 들었지만 나는 다음과 같은 이야기를 아직 기억하고 있다.

어느 날 유명한 배우가 학생들을 지도하고 있었다. 그 학생들은 유명한 스타가 되기를 바랐다.

학생들은 여러 가지 묘기를 배우고 있었다. 그네뛰기 실습을 하는 시간이 돌아왔다. 한 학생만 빼놓고는 모두 무사히 실습을 마쳤다. 마지막으로 남은 학생이 그넷줄을 본 후 즉시 소극적인 자기 이미지를 가지게 되었다. 그는 최악의 경우를 상상했던 것이다. 그는 그네를 타다가 땅에 떨어지는 생각을 했다. 그 순간 그는 얼어붙었다. 발을 움직일 수가 없었다.

"무서워요, 저는 할 수 없습니다. 저는 떨어질 것만 같아 못하겠습니다. 어쨌든 저는 할 수 없습니다."라고 학생은 말했다.

"만일 네가 무능력자라면 나는 시키지도 않았다. 자, 봐라. 방법을 가르쳐주겠다. 우선 네 마음을 그네에 던져라. 그러면 몸도 따라갈 것이다."

배우가 한 '던져라'라는 말은 일단 신념과 자신감 그리고 성취한다는 이미지를 가지고 어려움을 접하면 물질적인 부분은 자연히 따르게 된다는 뜻이다. 아주 현명한 충고였다.

그 학생은 생각을 바꾸었다. 정신적인 이미지가 변했다. 결국 그는 아무 사고 없이 테스트를 마치게 되었다.

위기는 누구에게나 닥쳐온다. 최악의 순간을 예상하면 우리의 마음을 정상적으로 작동시킬 수 없다. 그러나 장애물이 있어도 극복할 수 있다고 상상하면 해결할 수가 있다. 결과는 마음이 결정한다. 사람들은 매사에 겁을 내며 살아간다. 왜냐하면 누구나 실패의 경험이 있어서 행동하기를 꺼리기 때문이다. 행동하지 않으면 신념이 약화된다.

'내가 왜 그랬던가?', '아, 내가 왜 하지 않았던가?'라는 식의 자세는 자신감을 감소시킨다. 일시적인 잘못이나 실패를 겁내지 말라. 실패의 공포는 누구나 가지고 있다. 문제는 행동이다. 행동의 중요성을 깨달아라.

❝ 위험 신호 ❞

일시적인 자신감 상실은 제쳐놓고 깊이 뿌리를 내린 열등감에 괴로워하는 사람이 적지 않다. 이것을 방치해두면 자기도 모르는 사이에 열등감이 인생의 모든 면에서 언젠가 어두운 그림자를 드리운다. 그러나 열등감은 결코 고치지 못하는 병은 아니다. 성공한 사람들 대부분은 스스로의 열등감을 극복해온 것이다.

심리학자는 열등감을 이렇게 정의한다. 즉 자기가 열등감을 갖고 있다고 생각한 나머지 실제는 아니더라도 성공할 수 없다고 생각하고 있다. 열등감은 분명히 상상만의 것임에도 불구하고 자신감 상실, 자의식 과잉, 불안감, 공포심, 체념 등 여러 모양의 병리적 현상을 현실적으로 낳게 된다. 그러므로 자신을 죽이는 열등의식에서 빨리 벗어나 자신감 넘치는 생활로 전환해야 할 것이다.

3

불행은 잘못된 사고방식의 결과다

잘못된 사고방식을 가지면
모든 일에 연쇄적인 실패를 하게 된다

당신이나 내가 가진 곤란, 병, 실패, 불행 등의 체험은 우리 안에 있는 무엇인가의 잘못에서 일어난 증상이다.

잘못된 사고방식에 따라 잘못된 행동에 빠지게 된 일의 결과인 것이다. 그것을 알지 못하는 사람은 다만 이러한 고통을 동반하는 증상만을 떼어버리려고 애를 쓰지만 그것만으로 문제의 핵심에서 벗어나는 것은 아니다.

옛말에 '호미로 막을 것을 가래로 막는다'는 말이 있듯이 불행한 상태의 근본 원인을 제거하지 않으면 아무 소용없다. 근본적인 원인이 사라지면 효과는 자동적으로 나타나는 것이다.

성공에의 인자를 뽑아 모은다면 이미 실패의 걱정은 없다. 당신을 위하여 당신의 잠재의식을 어떻게 운행할지를 이해할 때 잠재의식은 당신이 무엇이며, 어째서 여기 있는지를 알게 된다. 그로 인해 당신의 마음속에 내재한 능력에 눈 뜨게 되고, 도처에 충만하고 있는 생명력에 따라 생활을 성공적으로 영위할 수 있게 될 것이다.

그렇게 하면 당신의 환경은 저절로 변하게 된다.

모든 시대, 모든 국가, 모든 문화에 있어서, 남자도 여자도 오늘과 같은 어려운 문제에 당면하고 있었다. 자기 자신과 대결하여 자기를 훌륭히 평가하고, 스스로에 만족하고, 이웃과 의좋게 지내고, 주변의 세계와 협조하고, 성공과 자유의 마음이 안정과 평화에 도달한다는 그러한 어려운 문제와 대결해왔던 것이다.

이 세상에 병, 곤란, 불행, 그리고 세상 사람들과의 부조화등으로 고통을 받고자 하는 사람은 없다. 또 빈곤하게 살고 싶다고 원하는 사람은 아무도 없으므로 건전하고 긍정적인 사고로 자신의 발전을 꾀하자.

4

고정관념에서 해방되자

이제까지의 고정관념에서 벗어나
관념을 변혁해야 한다

이 세상에는 자기가 하는 일에 보람을 느끼지 못하는 사람이 많다. '희망이 없다, 지루하고 고단하다, 왜 나는 이러한 일을 해야만 하는가'라고 생각함으로써 하루하루를 허비하고 있는 사람들이 많지만, 사실상 자세히 관찰하면 장래성이 없고 희망이 없고 지루한 것은 그 일 자체에 있는 것이 아니다. 그렇게 생각하는 사고방식에 있는 것이다.

그러므로 고정관념을 버리지 못하면 아무런 발전도 없게 된다. 발전을 생각하지도 않고 발전을 기대하는 것은 스스로 노력하지 않고 성공을 기다리는 것과 같다. 자신의 직업에 불만을 느끼게 되면 모든 것에 의욕이 상실된다.

그리고 이러한 불만이 매일 되풀이될 때 세상의 어떠한 일도 재미없고 낭만적이지 않고 무익한 일이 된다.

말하자면 사고의 변화만이 자기를 구하고, 사회와 국가를 구할 수 있다는 결론을 도출시킬 수 있는 것이다.

그렇다면 왜 이러한 정신 개조 또는 관념 혁명이 이루어지지 못하고 있는지를 생각하지 않을 수 없다. 관념 혁명이 좋은 것은 인생에서 성공하는 것이 좋은 것이라고 말하는 것과 다를 바 없다.

인생에서 어떻게 성공할 수 있느냐고 물을 수 있는 것과 같이 어떻게 하면 관념 혁명을 일으킬 수 있는가 하는 그 하나의 방법이 사고의 범위를 확대시켜 나갈 수 있는 것이다. 조그만 것, 사소한 것, 더러운 것, 추한 것에서 보다 큰 것, 뚜렷한 것, 깨끗한 것, 아름다운 것으로 관념의 방향을 한 단계 높여가는 방법이다. 흔히 소시민의 경우 국수 한 그릇의 값은 계산할 줄 알지만, 인생의 계산은 서툰 것을 볼 수 있다.

그러므로 세상을 넓게 보고 우리 자신의 현실을 관찰하게 되면 전혀 새로운 운명의 지평선이 떠오르게 됨을 알 수 있다.

5
자신감을 갖자

자기 자신의 능력에 대한
자신감을 갖는 것이 중요하다

당신의 자신감은 뿌리가 단단한가? 다음을 체크해보면 자기의
자신감이 어느 정도인지를 알 수 있다.

1) 자기의 잘못을 타인에게 전가하는가?

    예 ☐ ｜ 아니오 ☐

2) 가정과 직장에서 사람을 야단치는가?

    예 ☐ ｜ 아니오 ☐

3) 사람들 앞에서 자기에 관한 일을 어떻게 생각하고 있을까
하고 조마조마하고 있지 않은가?

    예 ☐ ｜ 아니오 ☐

4) '옛날에는 좋았는데' 하고 언제나 과거에 집착하고 있는가?

　　예 □ ｜ 아니오 □

5) 처음 만나는 사람에게 겁을 내는가?

　　예 □ ｜ 아니오 □

6) 일하는 가운데 새로운 것에 부딪히면 기가 죽는가?

　　예 □ ｜ 아니오 □

7) 실직을 두렵다고 생각하는가?

　　예 □ ｜ 아니오 □

8) 새로운 직업을 찾는 것에 두려운 생각이 드는가?

　　예 □ ｜ 아니오 □

9) 중역이 당신에게 이야기를 걸면 가슴이 두근거리는가?

　　예 □ ｜ 아니오 □

답 중에 하나라도 '예'가 있다면 그것은 위험 신호다. 그것은 더욱 자신감을 가지지 않으면 안 된다는 표시다.

6

권태는 정신적인 죽음이다

적극적인 사람과 친하게 사귀어
안일한 생활에서 탈피하라

인생은 즐거운 것이라고 현자들은 말하고 있다. 그런데 왜 재미있고 활동적으로 인생을 살지 못하는가?

우리들은 생활 속에서 때때로 고통과 슬픔 그리고 어려운 일들에 부딪힐 때가 한두 번이 아니다. 그러나 당신이 문제를 해결하고, 실패를 딛고 일어서고, 일정한 일에 의미를 부여한다면 당신은 분명히 행복과 기쁨을 경험하게 될 것이다.

그렇기 때문에 당신은 어려운 일에 부딪쳐도 두려워하지 않고 해결해 나가고 있는 것이다. 생각이 똑바로 잘 정립되어 있고, 자기의 자세를 조정할 줄 아는 자는 절대로 권태를 느끼지 않는다.

작가 에릭 호퍼는 이렇게 말했다.

"사람들이 권태를 느끼는 이유는 자기 자신들이 권태를 먼저 생각하기 때문이다."

우리는 다시 자극 받아야 하고 다시 원기를 찾아야 하고 다시 우리 자신을 정립해야 한다. 당신은 사람들이 인생이란 무의미한 것이라고 권태를 표하는 것을 본 적이 있는가?

'인생이 무의미하다, 싫증이 난다, 괴롭다, 모든 것이 엉망이다, 고되다' 등등 사람들로부터 권태에 관한 절망적인 문구들을 자주 듣게 된다. 우리는 이런 문구들을 사용하지 말아야 한다. 왜냐하면 이러한 말들을 우리가 사용하면 우리는 권태를 가진 사람이 되기 때문이다.

반대로 많은 사람들은 이와는 전혀 다른 문구들을 사용하고 있는 것을 볼 수 있다. 당신은 아마 이러한 힘찬 표현들을 들어본 적이 있을 것이다. '인생은 멋지다, 모든 것이 위대하고 아름답다, 인생은 놀라운 것이다, 참 신난다, 정말 기분 좋다, 권태라고요? 천만의 말씀입니다' 등등.

적극적인 사람은 세상을 어떻게 살아가는가? 적극적인 사람은 권태 없이 이 세상을 살고 있다. 그들은 이 세상밖의 별개의 세상에 살고 있다. 그 세상은 바로 어마어마한 마음의 세계인 것이다.

이들에 의하면 언제나 기분 좋게 세상을 살 수가 있다고 한다. 왜냐하면 그들 자신이 기분 좋은 사람들이기 때문이다.

그들은 어려운 문제를 신나는 도전의 기회로 맞이하며 만사를 남달리 대한다. 그 이유는 그들의 자세부터가 남과 다르기 때문이다. 그러므로 적극적인 사고를 하는 이들과는 친하게 사귀라. 그러나 권태로운 사람들과의 만남은 피하라. 권태는 정신적인 죽음이다. 생기발랄함은 정신적인 삶이다. 생기와 활력을 가져라.

대부분의 심리학자들에 의하면 권태란 단지 단조로움에 대한 감정적인 반응이라고 한다.

"나를 찾아오는 대부분의 환자들은 권태 때문이다"라고 어느 정신과 의사는 말한다. 정신과 의사들에 의하면 사람이 연쇄적으로 권태를 느끼다 보면 자동적으로 권태에 빠지게 된다고 한다.

그렇다면 권태의 처방은 무엇인가?

안일한 생활에서 벗어나 자극을 받아야 한다. 권태가 날로 증가하는 원인은 쉽게 인생을 살려고 하기 때문이다. 우리는 관중석에 앉아 있는 관객처럼 살려고 한다. 나는 이것이 바로 권태의 주원인이라고 본다.

우리가 너무 안일무사주의로 살려고 하기 때문에 권태를 느끼게 되므로 땀을 흘려 열심히 일하다 보면 권태는 저절로 사라지게 된다.

권태·욕구불만을 없애는 방법 ....

1. 당신의 사고를 지배하는 권태, 싫증 그리고 욕구불만을 버려라.
2. 자극을 받아라. 권태는 백해무익한 것이다.

3. 항상 호기심의 자세를 가져라.

4. 신념을 부끄럽게 생각지 말라. 신념은 권태를 소멸시킨다.

5. 당신의 인생을 사랑하면 인생 역시 당신을 사랑한다는 사실을 명심하라.

6. 복잡한 도시를 떠나 야외로 나가라. 자연은 권태를 물리치게 한다.

7. 위기의식을 가져라. 긴장 속에서는 절대 권태를 느낄 수 없다.

8. 열심히 그리고 흥분으로 사는 자들과 사귀라. 그러면 당신도 그들처럼 된다.

9. 계속해서 생각하고, 활동하고, 참여하는 습관을 길러라.

7

자기 마음을 다스리자

행동은 마음의 조정을 받아서 나오므로
무엇을 하려고 하면 먼저 마음에 약속하라

마음으로 정한 것을 처음에는 조금 괴롭더라도 버티고 오래 계속하노라면 그다지 괴롭지 않게 된다. 그러는 동안에 자연스레 몸에 배게 되는 것을 습관이라고 한다.

아침에 일찍 일어나는 문제만 해도 그렇다. 먼저 아침에 일찍 일어나자고 마음속으로 다짐을 한 다음에 그것을 실행에 옮기는데, 늦잠을 자는 습관이 배어 있기 때문에 처음에는 매우 힘겹게 느껴질 것이다.

그러나 더 자고 싶다는 욕망과 미련을 떨쳐버리고 그 순간을 잘 견뎌내고 일찍 일어나는 일을 거듭 반복하다 보면 습관이 되어 그 시간이 되면 저절로 일어나게 된다. 그러므로 우리는 먼저 마음으

로 결정하는 것이 가장 중요하다.

❝ 결심의 정도가 문제 ❞

누구든지 잘못된 습관을 고칠 때는 반드시 괴로움과 불쾌감이 따르기 마련이다. 그러나 그 괴로움에 지느냐 이기느냐는 맨 처음 결심의 정도에 달렸다. 결심만 확고하다면 괴로움 따위는 문제가 되지 않는다. 괴로움에 굽히지 않고 그 일을 얼마 동안 계속하다 보면 괴로움은 없어지고 그것이 도리어 당연한 것으로 여겨지게 된다.

그러므로 수면시간에 대해서도 하루에 여덟 시간이나 아홉 시간은 자야 머리가 가벼운 사람이 있는가 하면, 네 시간이나 다섯 시간만 자고도 활동하는 데 지장이 없을 뿐 아니라 그 이상 더 자면 도리어 머리의 활동이 둔해진다고 하는 사람도 있다.

이런 점은 순전히 그 사람의 습관 탓인데, 늦잠꾸러기나 게으름뱅이들은 그건 체질 문제라며 자기의 게으른 습관을 체질에 전가시켜서 변명한다. 그런 좋지 못한 습관은 마음먹기에 달린 것이라는 점을 분명히 깨닫고 애써 좋은 습관이 몸에 배도록 노력해야 한다.

당신이 행운을 잡는 길은 바로 이런 것임을 알아야 한다. 좋은 습관을 붙인다는 것은 대단한 노력이 필요하고 몹시 괴로운 일이다. 그러나 그것은 순전히 자기 마음을 자기가 지배하느냐 못하느냐에 달려 있다.

훌륭한 야구선수가 되고 싶으면 먼저 마음으로 훌륭한 야구선수가 되겠다는 결심을 해야만 한다. 누가 '너는 훌륭한 야구선수의 바탕을 지녔으니까 야구를 하게' 하고 권하여도 본인이 응하지 않는다면 그 좋은 체격도 소질도 무용지물이 된다. 그러므로 스스로 강한 결심을 한다는 것보다 더 중요한 것은 없다.

8
망설임과 죄의식을 없애라

죄의식이나 망설임 등을 물리치는 방법은
자아를 정립하는 것이다

날마다 많은 사람들이 심리적인 자살을 하고 있다. 이러한 사람들은 우리가 흔히 양심이라고 부르는 것의 일부를 죽이는 데 두 가지 무기를 사용한다.

첫 번째 무기는 망설임이고, 두 번째 무기는 죄의식이다. 망설임은 당신이 훈련이라든가 교육, 경력 등이 충분치 못하다고 느끼면서 일을 할 때 생긴다.

'나는 할 수 없어. 나에겐 너무 벅차.' 이러한 생각으로 인한 망설임이 살인 도구가 되어 심리적 자살을 자행하게 하는 원인이 되는 것이다.

그렇다면 죄의식이란 무엇인가? 죄의식은 당신이 나쁘다는 것을 본능적으로 알고 있는 일을 함으로써 조성된다. 죄의식 콤플렉스는 영혼에 영향을 미치게 된다. 거짓말을 하고, 속이고, 훔치고, 사기를 치는 일 등과 같은 것이 죄의식 콤플렉스다.

죄의식과 망설임, 이 두 가지 콤플렉스는 암이 생물의 조직에 파괴적인 영향을 미치는 것처럼 심리의 조직에 파괴적인 영향을 미친다.

당신은 망설임 콤플렉스를 숨길 수도 없으며, 또한 죄의식 콤플렉스도 숨길 수 없다.

둘 다 모두 본질적으로는 같은 형태로 나타난다.

사람들을 정면으로 볼 수가 없거나 들릴락말락한 떨리는 듯한 신경질적인 목소리를 내는 것이다.

육체는 언제나 마음속으로 생각하는 것을 나타낸다.

망설임, 죄의식, 열등감─이러한 것들은 모두 육체를 극도로 압박하는 것으로 두통이나 요통, 소화불량이나 변비 그밖의 여러 가지 신체적 증상을 야기한다. 그것은 망설임과 죄의식이라는 두 가지 마음의 살인 도구 중 어느 하나에 의해서 일어난 욕구불만의 결과일 수도 있다.

이와 같이 두 가지 살인 도구를 없애는 것이 당신의 자아를 정립하고 그것을 실현하는 데 있어서 매우 중요한 일이라 하겠다.

9
자신을 믿고 행동하라

일시적으로 실패했다고 절망하지 말라
어떤 실패도 최후의 실패는 아니다

어느 날 한 소년이 다리에 기대어 서서 흐르는 강물을 바라보고 있었다. 강물 위로 나무 조각, 풀잎 등이 떠내려갔다. 잠시 후 강물의 표면은 깨끗했다.

강물은 예나 지금이나 다리 밑으로 흐르고 있었다. 때로는 물이 매우 빠르게 흐르고, 때로는 물이 천천히 흐른다.

그날 강물을 쳐다보면서 소년은 한 가지 위대한 사실을 깨달았다. 그것은 다리 밑의 물과 같이 한 번 흘러간 강물은 다시 역으로 거슬러 흐를 수 없듯이 과거에 집착하지 말고 앞만 향해 전진하라는 진리였다. 아주 순간적으로 그는 자기 인생의 모든 것들도 조만간 다리 밑의 강물처럼 될 것이라는 것을 깨닫게 되었다. 그것은 삶의 진리였다.

그때부터 소년은 '다리 밑의 물'이라는 말을 좋아하게 되었다. 그 이후로 소년은 그 진리를 명심하며 살았다. 기쁠 때나 슬플 때나 실패와 절망을 했을 때, 이제 성인이 된 그 소년은 아직도 이 말을 기억한다.

'그것은 모두 다리 밑의 물이었다.'

그는 절대로 낙심하거나 실망하지 않았다. 왜냐하면 세상만사는 '다리 밑의 물'이기 때문이었다. 우리들은 위의 글을 보고 이제 일시적인 실패는 문제되지 않는다는 것을 알았다. 어떤 실패도 최후의 실패는 아닌 것이다.

일시적으로 실수나 실패를 했다고 해서 당신의 두뇌와 실력이 형편없다고 생각하면 오산이다. 실수를 했을 때 정신무장을 다시 하면서 이렇게 말하라.

"좋다. 그런 일이 있었다. 그러나 이제 그것은 흘러갔다. 과거를 깨끗이 잊고 현재와 미래를 보라."

당신 자신을 믿어라. 자신감을 가져라. 당신 자신을 발견하면 당신은 자신을 믿게 된다.

일단 그러한 경험을 하게 되면 변한 자신을 발견할 것이다. 그러면 당신은 새로운 각도로 사물을 보게 되므로 자기 실현은 꼭 필요한 경험이다. 자기 실현을 하려면 자기 자신을 믿어야 한다. 자신을 믿고 행동함으로써 자기 실현을 하는 것은 인간의 가장 큰 기쁨이다.

10

행복은 자신이 만든다

행복하고자 한다면 어떤 문제가 닥치더라도
회피하지 말고 대결하라

> **행복은 자신에게 달려 있다**

많은 사람들은 행복을 누군가 자기에게 가져다주는 것으로 생각하고 있다. 나 역시 마음의 이치를 알기까지는 그렇게 생각했다.

그래서 친구 중에 누가 행복해하는 것을 보면 부러워하면서 '그놈은 운이 좋은 놈'이라고 중얼거렸다. 잘 생각해보면 이렇게 남이 잘 되는 것을 부러워하는 것은 '저 놈은 운이 좋은데 나는 운이 나쁘다'는 생각이어서 결국 자신의 불운을 인정하고 스스로를 업신여기며 불만에 가득 찬 생활을 하는 것이 된다. 일생을 행복과 불행으로 갈라놓는 갈림길은 어떠한 문제에 부딪쳤을 때 그것을 어떻게 해결하느냐에 달려 있다.

인생은 문제의 연속이다

우리들의 일생은 매일매일의 연속이다. 나의 학생시절에 물리학을 가르친 선생님이 말하기를 "어느 한 연구 과제를 정해서 그 문제를 연구할 때는 낮이고 밤이고 그 문제만을 생각하여 언제나 그 문제에 쫓기고 있는 듯한 생활을 한다. 며칠을 걸려서 겨우 그 문제를 해결했을 땐 '야아, 이제 끝났구나' 하고 마음을 놓으면서 기뻐하지만 그땐 이미 또 다른 연구과제가 앞에 놓여 있는 것이다. 이렇게해서 내 일생은 언제나 연구 문제로 쫓기는 생활로 끝날 것이다."라고 말했다.

이건 일에 대한 문제지만 가정이나 친구에 관한 문제에서도 마찬가지일 것이다. 여러 가지 문제의 연속이 곧 인생이다. 인생을 행복하게 만드는 데 있어 가장 중요한 것은 아무리 어려운 문제에 봉착하더라도 그 문제에서 도망치지 않는 것이다.

만약 그 문제가 어렵다고 해서 도망친다면 그 문제는 영원히 해결되지 않은 채 남을 뿐 아니라 그것이 점점 가중되어서 마음을 괴롭힐 것이다.

우리가 어려운 문제에 부딪혔을 때 이제 틀렸다, 이런 어려운 일은 내 힘으로는 안 된다, 낭패로구나 하고 생각하는 것은 이제까지 그와 같은 문제에 부딪쳐서 해결해본 경험이 없기 때문인 경우가 많다. 그러나 언젠가 경험하고 해결해 보았던 문제는 또다시 일어나더라도 당황하지 않고 침착하게 해결하게 된다.

어려운 문제에 부딪혔을 때 가장 중요한 것은, 나는 이 문제를 반드시 해결한다고 믿는 일이다.

그리고 자기 혼자서는 해결하지 못하는 문제가 있거든 부모나 형제, 혹은 선배나 친구들 중에서 그 문제를 해결하는 데 적당한 조언을 해줄 만한 사람에게 가서 상의해야 한다.

그리고 그 사람의 조언에 따라서 알맞게 행동하면 되는 것이다. 그렇다고 남에게 조언을 받으면 문제가 다 해결된 것이라고 생각해서는 안 된다. 누구에게서 도움을 받더라도 자기의 문제인 한 결국에는 자기가 해결하는 것이다.

사람은 누구든지 무한한 능력을 지니고 있다. 그러므로 아무리 어려운 문제라도 피할 수 없는 입장이라면 배수진의 각오로 그것을 해결하려고 노력하면 그동안 자신도 몰랐던 잠재적인 힘이 솟아오른다.

어려운 문제를 해결하려고 하면 할수록 자기에게 내재해 있던 힘을 발견하게 되기 때문에 어려운 문제는 자신의 무한한 힘을 발

308

굴해내는 중요한 구실을 하는 것이다.

조언의 힘

어떠한 훌륭한 선수라도 코치에 의해서 움직인다. 코치의 조언과 트레이닝이 없었다면 그가 과연 훌륭한 선수가 되었을까. 여기서 조언의 중요성을 깨달을 수 있다.

조언을 순수하게 받아들여 자신의 것으로 만들면 자기 발전에 도움이 되나, 조언을 듣고 기분 나빠하고 불쾌하게 생각하면 자신에게 손해만 될 뿐이다.

우리들은 인생을 살아나가는 동안에 여러 가지 일에 부딪히는데, 그때에 여러 사람의 조언을 잘 받아들여 실행하는 것이 중요하다.

나도 선배로부터 글을 써보라는 권유를 가끔 들었는데 내게는 글을 쓰는 능력이 없다고 생각해왔기 때문에 쓰지 않았으나 하도 여러 번 권유했기 때문에 졸필이나마 썼더니 그런 대로 글이 되었다. 따라서 내게도 그런 능력이 있다는 것을 알았다. 이렇게 자신에게 있는 능력을 알게 된 것은 바로 선배의 조언 때문이다.

11
남의 말에 흔들리지 말라

마음에는 적극적 채널과 소극적 채널이 있다
항상 적극적 채널에 맞추면 행동도 그의 지시를 따르게 된다

당신의 정신은 마음의 방송국이라고도 할 만하다. 이 방송국은 두 가지 채널로 되어 있는데, 채널 P(Positive)라는 적극적 채널과 채널 N(Negative)인 소극적 채널이 그것이다.

그럼 그 작용하는 상태를 살펴보자.

예를 들면, 오늘 당신의 상사―그 사람을 강 씨라 부르자―가 당신을 자기 자리로 불러 당신과 당신의 일을 점검했다고 하자. 그는 당신의 일을 한껏 칭찬해주었으나 동시에 그 일의 개선 방법에 대해 몇 가지 특별한 조언도 잊지 않았다. 밤이 되면 당신은 오늘 일어난 일을 상기하고 그것에 대해 생각할 것이다.

바로 그 경우인데 만일 당신이 채널 N에 맞춘다고 하면 아나운

서는 거의 다음과 같은 식으로 말을 시작할 것이다.

"조심해주십시오. 강 씨는 방심할 수 없어요. 그 사람에게는 가시가 있어요. 그 사람의 말을 들을 필요가 없습니다. 친구가 강 씨에 대하여 당신에게 한 말을 기억하고 있습니까? 그가 한 말은 틀리지 않습니다. 강 씨는 친구에게 한 것처럼 당신도 해치우려고 하고 있습니다. 그에게 반항하십시오.

그 다음에 그가 부르면 따지십시오. 아니 그때까지 기다릴 필요가 없습니다. 내일 아침 그에게 가서 그 비판이 무슨 뜻인지 따져보는 것입니다."

그러나 만일 당신이 채널을 P에 맞춘다면 아나운서는 다음과 같은 식으로 말할 것이다.

"당신도 알고 있듯이 강 씨는 대단히 좋은 사람입니다. 당신에게 한 그의 조언은 건전한 것입니다. 그대로 하신다면 당신은 보다 발전할 수 있을 것이며 승진에도 영향을 미칠 것입니다. 내일 그를 찾아가서 그의 건설적인 충고에 대해 감사하다고 인사를 드리십시오. 친구도 언젠가 말했듯이 강 씨는 함께 일하기에 아주 좋은 분입니다."

만일 당신이 채널 N의 말을 듣는다면 당신 상사와의 관계에 있어 뭔가 좋지 못한 돌이킬 수 없는 잘못을 저지르고 말 것이다. 그러나 만일 당신이 채널 P에 맞춘다면 당신은 상사의 조언으로 틀림없이 이익을 얻게 되고, 그와 동시에 상사와 보다 가까운 관계가 될 것이다.

'사고의 연쇄반응'

부디 기억해두기 바란다. 채널 P보다 채널 N을 자주 틀어놓으면 당신은 점점 거기에 마음이 끌리게 되어 날이 갈수록 채널을 바꾸기가 어렵게 된다.

왜냐하면 적극적이든 소극적이든 간에 한 가지 생각은 비슷한 생각의 연쇄반응을 일으키기 때문이다.

이를테면 당신이 어떤 사람의 말씨가 비위에 거슬린다는 극히 사소하고 소극적인 생각에 사로잡힌다면, 그것이 마침내 그의 정치적 신념이나 종교, 그가 타고 있는 차, 그의 개별적인 버릇 같은 그것과 전혀 관계가 없는 사항에 대해서도 소극적으로 생각하는 방향으로 바꾸어 버린다.

그러므로 당신은 생각의 방송국을 잘 관리하여 사람들에 대해 생각할 때에는 당신의 귀를 채널 P에 맞추도록 해야 한다. 채널 N에서 뛰어들면 스위치를 꺼버려야 한다. 스위치를 넣을 때에는 반드시 그 사람에 대해 무엇인가 한 가지 적극적인 특질을 생각하도록 해야 한다. 그렇게 하면 예의 연쇄반응의 결과로 이 한 가지 생각이 차례로 당신의 생각을 이끌어 이윽고 당신에게 기쁜 결과를 가져다주게 된다.

' 다른 사람의 나쁜 영향을 피하는 법 '

당신이 홀로 있을 때에는 채널 P이든 채널 N이든 혼자서 결정할 수 있으나 당신이 다른 사람과 이야기를 하고 있을 때에는 그 사람이 당신을 어떻게 생각하느냐를 컨트롤하는 열쇠를 쥐게 된다.

먼저 대부분의 사람들은 다른 사람들에 대하여 부정적인 사고를 갖고 있음을 알아야 한다. 그래서 누군가 급히 당신을 찾아와서 다 같이 알고 있는 사람에 대하여 부정적인 이야기를 하거나, 동료가 다른 동료의 좋지 못한 점을 당신에게 고자질하거나, 이웃 사람이 다른 이웃 사람의 집안 이야기를 당신에게 알리려고 하는 일은 흔히 있다.

생각은 같은 생각을 낳는다. 그러므로 만일 당신이 다른 사람에 대하여 부정적인 의견을 듣는다면 당신도 역시 그 사람에 대하여 부정적으로 생각하는 위험이 항상 도사린다.

만일 당신이 그에 대한 방어책을 강구해두지 않는다면 '그래요, 실은 어저께도 말이죠' 식의 말을 하여 타는 불에 기름을 쏟아붓는 일이 생길 수 있다.

다른 사람이 우리를 채널 P에서 채널 N으로 바꾸어 놓는 것을 막는 길은 두 가지다.

한 가지 방법은 '실례합니다. 그건 그렇다 치고 잠깐 물어볼 게 있습니다만' 이런 말로 될 수 있는 대로 빨리 눈치채지 않게 화제를 바꾸어야 한다.

또 한 가지 방법은 '이제 늦어서 실례합니다' 라든지 '사람을 만나러 가야 할 시간이 돼서 정말 죄송하게 되었습니다'라고 말해서 그 자리를 피해야 한다.

당신 자신에게 다음과 같은 약속을 단단히 해두어라. 사람들이 당신의 생각에 편견을 품게 하려는 것을 거부하자. 늘 채널 P를 듣도록 명심해두자.

12

성격 변화로 밝은
내일을 맞이하라

성격을 개조하여
이제까지의 악습을 버리는 연습부터 하라

어느 누구라도 '지킬 박사와 하이드' 같은 흉내는 내지 못할 것이다. 그렇다고 인생을 재미없다고 생각해서는 적극적인 삶을 살 수 없다. 그러므로 우선 성격 개조부터 시작하지 않으면 안 된다. 찡그리지 말고 미소를 지어라. 이렇게 하면 하룻밤 사이에 다른 사람이 된다.

그러면 어떻게 자기의 자동 조절 장치를 플러스 쪽으로 조정할 것인가. 그것은 다음과 같다.

❝즐거운 분위기를 갖자❞

아침에 일어날 때부터 마음속으로 외치자. '오늘 하루 즐거운 시간을 보내자'라고 외치면 반드시 그렇게 된다. 작은 일로 마음을 상하지 않는다고 결심한다. 만약 쓸데없는 일로 기분이 상하려 할 때는 즐거웠던 때를 상상하라. 마음가짐이 매우 큰 힘을 갖는다는 것은 언급한 바 있다.

하루를 시작함에 있어 즐거운 분위기, 적극적인 태도를 가지면 하루종일 그 상태가 잠재의식의 자동적 작용에 의해 유지된다. 이리하여 처음에는 겉으로라도 적극적인 느낌을 갖고 있으면 언젠가 그것이 정말로 자기 것이 되어간다.

❝대범한 기분으로 있자❞

아래를 보고 발을 질질 끌며 걷는 흉내는 그만두자. 머리를 들고 당당히 힘있게 걷자. '나는 별 수 없다'는 비관적인 생각은 버리자.

자기의 좁은 껍질에 박혀 있지 말고 넓은 세계의 친구가 되자. 마음먹고 자기를 극복하면 행복, 친절, 애정, 희망 등이 찾아온다. 좋은 것을 찾아 좋은 것을 바라보자.

316

❛ 결코 포기하지 말라 ❜

어떤 어려운 일을 맡게 되더라도 우물쭈물하지 말고 어떻게 그 것을 해결할 것인지를 진지하게 생각해보자.

'어렵구나. 아무리 해도 될 것 같지 않는데' 하고 걱정만 하지 말라. 생각하는 시간이 아깝지 않은가. 해결 방법을 생각하는 것이 선결 문제이며 구실을 생각할 필요는 없다.

'어려운 것도 곧 해결된다. 어려운 문제는 조금 시간이 걸리지만 해결된다.'

❛ 진실한 비판은 받아들여라 ❜

모르는 사이에 바보짓을 했다는 생각이 들었을 때 눈빛을 바꿀 필요는 없다. 실패를 했다고 해서 심란해할 것도 없다. 당황해서 구실을 찾을 필요도 없다. 일에 충실하지 못해서 벌어진 사태이므로 다음부터는 같은 잘못을 되풀이하지 않도록 주의하면 된다. 그러면 전보다 훨씬 나은 일을 할 수 있을 것이다.

남의 바른 충고는 기분 나빠하지 말고 보다 좋은 일을 하기 위한 자극으로 받아들이는 것이 좋다. 개선의 비판을 오해하여 반항하거나 구실을 만들어 빠져나가는 짓은 자기 발전을 저해할 뿐이다.

타인을 너무 비판하지 말라

타인에게 모질게 대하거나 타인의 결점에 관해 이러쿵저러쿵 하지 말라. 남의 흠을 찾기 이전에 자신을 돌아보라. 인간은 누구나 장점과 단점이 있기 마련이므로 단점보다 장점을 보려고 노력하라.

적극적인 생각을 갖고 사람과 접촉하라

타인의 성격은 모름지기 당신 안에 스며들어 영향을 미치고 있다.
우물쭈물 하는 사람은 피해야 한다. 친구는 가려 사귀어야 한다. 언제나 적극적인 분위기 속에 있는 것이 중요하다. 앞을 보는 자세로 명랑하고 세련된 사람들과 자주 접촉하도록 하자.

사고가 바뀌면 행동이 바뀌고
행동이 바뀌면 습관이 바뀌고
습관이 바뀌면 성격이 바뀌고
성격이 바뀌면 운명이 바뀐다

성격을 바꾸면
성공이 보인다

2014년 8월 1일 초판 인쇄
2014년 8월 10일 초판 발행

지은이   전성일
펴낸이   임종관
펴낸곳   미래북
편 집   정광희
디자인   페이퍼마임
신고번호 제302－2003－000326호
본 사   서울특별시 용산구 효창동 5－421호
영업부   경기도 고양시 덕양구 화정동 965 한화오벨리스크 1901호
전 화   02－738－1227
팩 스   02－738－1228
이메일   miraebook@hotmail.com
ⓒ 전성일

ISBN 978－89－92289－63－4   03190